嫉妬と自己愛

「負の感情」を制した者だけが生き残れる

佐藤 優
Sato Masaru

Chuko Shinsho La Clef
574

中央公論新社

まえがき

人間関係は実に難しい。特に嫉妬のマネジメントが難しいということを私は外務省時代に永田町（政界）との接触で強く感じた。政治部の新聞記者や政治家の秘書から「佐藤さん、政界は妬《ねた》み、嫉《そね》みがうずまく世界だから要注意だ」と言われたが、それがどういうことかはピンと来なかった。恐らく、それは北方領土交渉の関係で私と関係が最も深かった政治家の鈴木宗男氏が、まれに見る嫉妬心が希薄な政治家だったからだ。

政治家は、他の政治家が業績をあげた話を聞くと、だいたい不愉快な顔をする。それだから、政治家の前で他の政治家を褒めないことは、官僚が生き残るための鉄則だ（官僚が政治家の前で他の政治家の悪口を言うのも厳禁だ。悪口を聞いた政治家は、「こいつは他の政治家に俺の悪口を言うに違いない」と思って、警戒される）。しかし、この程度のことは、高校時代に模試の成績が自分よりも良い同級生に対して感じるような軽いやきもちなのでたいしたことはないと思っていた。

鈴木氏の前で、他の政治家の業績を褒め称える政治部記者がときどきいた。私は、「大丈夫かな」とハラハラしながら聞いていたが、鈴木氏はまったく平気というか、業績をあげた政治家を本心から褒め、「私ももっと努力して、実力をつけないとね」と反応していた。妬み嫉みがうずまく世界で、嫉妬心が希薄であり、仕事の内容にしか関心がないという鈴木氏の立ち居振る舞いは、私にとって大きな魅力だった。しかし、この嫉妬心が希薄であることが、後に鈴木氏が東京地方検察庁特別捜査部に逮捕される原因になる。このことに気づいていたのが、東京拘置所に仮設されたプレハブの調室《しらべしつ》で私を取り調べた東京地方検察庁特別捜査部の西村尚芳検事だった。

〈「鈴木さんについて、何を読んだらいいのだろうか。あなたの知恵を借りたい。例えば、中川一郎農水大臣と鈴木さんの関係についてはどう見たらよいのか。ほんとうに鈴木さんは中川さんを慕っているのか。それともあれは見せかけか。そういう基本がわかる本がないだろうか。週刊誌の記事じゃどうもピンとこないんだ」

私は、内藤国夫氏の『悶死——中川一郎怪死事件』（草思社、一九八五年）を薦めた。（二〇〇二年）六月十九日に鈴木氏が逮捕されてから四十八時間、私はハンガーストライキを行ったが、そのとき西村氏はこの本を読んだ。六月二十一日に西村氏から以下のような感想を聞いた。

「実に面白い本だったよ。鈴木さんを取り調べる特捜の副部長にも『佐藤氏のお薦め』と言って回しておいた。鈴木さんのパーソナリティーがよくでているね。要するに気配りをよくし、人の先回りをしていろいろ行動する。そして、鈴木さんなしに物事が動かなくなっちゃうんだな。それを周囲で嫉妬する人がでてくる。

しかし、鈴木さんは自分自身に嫉妬心が稀薄なので、他人の妬み、やっかみがわからない。それでも鈴木さんは自分が得意な分野については、全て自分で管理しようとする。それが相手のためとも思うけど、相手は感謝するよりも嫉妬する。その蓄積があるタイミングで爆発するんだ。中川夫人の鈴木氏に対する感情と田中眞紀子の感情は瓜二つだ。本妻の妾に対する憎しみのような感情だ。嫉妬心に鈍感だということをキーワードにすれば鈴木宗男の行動様式がよくわかる」

私はこのときまでに「鈴木氏に嫉妬心が稀薄でそれ故に他者の嫉妬心に鈍感だ」という見立てを西村検事に話したことはない。この検察官の洞察力を侮ってはならないと感じた。〉

（佐藤優『国家の罠――外務省のラスプーチンと呼ばれて』新潮文庫、二〇〇七年、三四七

〜三四八頁）

こういう経験をしたので、職業作家になってから、私自身も他人に嫉妬をしないように注意し、また他人から嫉妬されるような状況には極力、巻き込まれないように注意した。講演会や勉強会で企業や役所の中間管理職から、「部下たちの間での嫉妬感情をどうマネージしたらよいか」という相談をされるようになり、私が書く実用書においては、組織の中での嫉妬対策が大きな位置を占めるようになった。そこで意外と面倒なのはアカデミズムにおける嫉妬だ。准教授から教授に昇任する審査で、「博士論文の範囲内じゃないか」などと言いがかりをつけて業績を認めないことはよくあるし、総合雑誌によく登場していると「学問をまともに行わず、マスコミで踊っている」などと難癖をつけ、しかも自分が所属する大学の紀要（論文誌）に論文を掲載しようとしても、「基準に達していない」などという抽象的な理由で、何度も書き直しを要請する。紀要の編集委員は、最初から准教授を教授に昇任させないという方針を固めているので、永遠に掲載が認められない。筒井康隆氏が、一九九〇年に上梓した小説『文学部唯野教授』の世界が、アメリカ大陸からかなり昔に切り離されたため独自の生態系が発展したガラパゴス諸島のように現在も維持されているようだ。

もっとも、嫉妬が現在も深刻な組織問題として残っているのは、アカデミズム、永田町

（政界）、霞が関（官界）などの、外部世界から閉ざされた独自のゲームのルールが支配している場所だけのようだ。むしろ、他者に対する嫉妬を覚えることができないほど、自己愛が肥大した人々が社会全体では増えているように思える。本書でも取り上げた柚木麻子氏の小説『伊藤くんA to E』（幻冬舎）の主人公伊藤くんのように自己愛が肥大しているので、競争の土俵に絶対に乗らないで、「俺（私）は、周囲にいる連中とは本質的に異なる有能な人間なんだ」という自己愛の世界から抜け出せない人が増えているように思える。「俺（私）は、まだ本当の実力を出していない」というような言い訳をする部下が多くて困っているという話を中間管理職の人たちからよく聞く。

こういう問題に正面から取り組んでみたいと以前から考えていた。その機会を『中央公論』が与えてくれ、二〇一六年二月号から十二月号まで「嫉妬と自己愛の時代――『負の感情』を制した者だけが生き延びられる」を連載した。本書はそれに若干の加除修正を行うとともに、オリジナルの講義録をつけて上梓したものである。職場での同僚、上司、部下との関係に悩んでいる人にとって、有益な示唆を多々提供していると自負している。

人間の世界には、さまざまな問題がある。面倒な人間関係からは、極力、逃げ出した方がいい。しかし、時にはどうしても逃げ出せないような人間関係もある。そういうときに、良い小説を読んで、代理経験を積んだ上で現実に対処するとよいということも私は本書で読者に強調した。それだから、本書では小説の読み解きが重視されている。

佐藤優

目次

第二部
嫉妬と自己愛をめぐる対話

第三部 人生を失敗しないための「嫉妬と自己愛」講座

本文ＤＴＰ／市川真樹子

嫉妬と自己愛

「負の感情」を制した者だけが生き残れる

第一部

嫉妬と自己愛の時代

1 現実が自分を呑み込むか、自分が現実を取り込むか

嫉妬と自己愛は隣り合わせ

人間には、目に見えず、数値化することもできないが、確実に存在する重要な価値がある。世界宗教と呼ばれるキリスト教、仏教、イスラム教は、そのような価値を教えの基本に据えているので、長く存続することができている。キリスト教の場合、そのような価値の中心になるのが愛だ。

使徒パウロは、愛の重要性について、こんなことを述べている。

〈愛は忍耐強い。愛は情け深い。ねたまない。愛は自慢せず、高ぶらない。礼を失せず、自

分の利益を求めず、いらだたず、恨みを抱かない。不義を喜ばず、真実を喜ぶ。すべてを忍び、すべてを信じ、すべてを望み、すべてに耐える。
愛は決して滅びない。預言は廃れ、異言はやみ、知識は廃れよう、わたしたちの知識は一部分、預言も一部分だから。完全なものが来たときには、部分的なものは廃れよう。幼子だったとき、わたしは幼子のように話し、幼子のように思い、幼子のように考えていた。成人した今、幼子のことを棄てた。わたしたちは、今は、鏡におぼろに映ったものを見ている。だがそのときには、顔と顔とを合わせて見ることになる。わたしは、今は一部しか知らなくとも、そのときには、はっきり知られているようにはっきり知ることになる。それゆえ、信仰と、希望と、愛、この三つは、いつまでも残る。その中で最も大いなるものは、愛である。〉(「コリントの信徒への手紙一」一三章四〜一三節)
異言とは、宗教的恍惚状態になった人が発する意味不明の言葉だ。こういう言葉を発する人の傍《かたわら》には異言の意味を解き明かす人がいる。だいたい「神は愛である」というような解説をする。パウロが活躍した一世紀には、異言の力を人々は信じていた。ちなみに現在でもキリスト教根本主義(ファンダメンタリズム)系で異言を重視する教会がある。筆者はソ連時代のモスクワに住んでいたが、当時、当局から認められたモスクワ市内の教会は一つしかなかった。全連邦福音主義キリスト教徒・バプテスト教徒評議会という名称の教会だった。この教会の礼拝では、二〜三回に一回、聖霊が降りてきたと主張し、異言を語る老婦人がいた。「うぐ〜、あがが——」というようなうめき声に近い叫びだ。それを横にいる人が、「神は愛です。キリストは復活しますと、神はこの兄弟の異言を通じて語っています」と解き明かす。そうなると、一〇〇〇人以上の人で一杯になっている教会堂の中が異常な熱気に包まれる。マルクスは「宗教は人民のアヘンである」と述べ、ソ連政府は、科学的無神論を国是に掲げていたが、社会主義体制下のプロテスタント教会の実態を見て、筆者は度肝を抜かれた。

預言は、同じ発音の予言とは異なる概念だ。占い師が未来に起きることについて述べるのが予言であるのに対し、預言は神の言葉を預かって人々に伝えることだ。そのような機能を果たす人を預言者という。預言の内容は、神が預言者に特別に託したメッセージだ。そこには未来予測もあるが、主な内容は、神の意思から離れて堕落した生活を送っている人間に対する批判だ。そして、預言者は、人々に悔い改め、神の意思に従った生き方をすることを勧めるのである。

ここで重要なのは、パウロが異言や預言、さらに知識はいずれ廃れてしまうと考えていることだ。そして、パウロは、異言、預言、知識よりも重要な価値があると強調している。具体的には、信仰、希望、愛がいつまでも残る価値であるとパウロは認識している。その中でも愛が最も高い価値である。

ただし、キリスト教で説く愛は、滅私型の他人に対する愛ではない。ましてや、抽象的な博愛でもない。この点、イエス・キリストが興味深いことを言っている。

〈隣人を自分のように愛しなさい〉（「マタイによる福音書」二二章三九節）

イエスは、隣人を単に「愛しなさい」と言っているのではなく、「自分のように愛しなさい」と言っていることが重要だ。自分を愛することは、他者を愛することの前提なのである。自分を愛することができない人が、他者を愛することなどできないというのが、キリスト教の愛に対する考え方である。従って、自己愛はとても重要な概念だ。しかし、自己愛を制御することはとても難しい。それは、自己愛が嫉妬と隣り合わせの感情だからだ。

無差別殺傷事件加害者の孤立した暮らしぶり

二〇一三年九月二十八日の『読売新聞』朝刊に、二〇〇〇～〇九年に無差別殺傷事件を起こして刑が確定した人たちについて法務省が行った研究報告に関する、興味深い報道が掲載されている。

〈無差別殺傷　孤立が背景　友人いない・交友希薄63％　法務省研究報告
無差別殺傷事件を起こして２０００～09年度に有罪が確定した元被告ら52人のうち、約６割が社会的に孤立し、４割以上は自殺未遂を経験していたことが法務省の初の研究報告で明らかになった。報告では「元被告らは社会的弱者の一面が強い」と指摘し、孤立を防ぐことが再発防止につながると強調している。

「学生時代に受けたいじめを思い出し、いら立ちを晴らそうとした」「自分だけが不幸だと感じ、幸せそうな人を狙った」

報告書で示された犯行動機からは、社会への強い不満と絶望感がうかがえる。（中略）

犯行動機（複数回答）を類型化すると、「自分の境遇への不満」が22人（42％）で最も多く、「特定の人への恨み」10人（19％）、「刑務所への逃避」９人（17％）と続いた。

こうした動機を抱く背景として、社会から孤立した暮らしぶりが浮かび上がる。犯行時に学校や職場などに友人がいなかったと答えたのは28人（54％）で、交友関係が希薄だった者も含めると33人（63％）に上った。無職だったのは42人（81％）、収入がなかったのも31人（60％）いた。

研究に参加した国立精神・神経医療研究センター精神保健研究所（東京都小平市）の岡田

幸之《たかゆき》部長が特に注目するのは、元被告らの多くに自殺未遂の経験があった点だ。犯行前の問題行動（複数回答）として、自殺未遂が23人（44％）、引きこもりが12人（23％）おり、粗暴な行為などを含めると8割以上に問題行動があった。

岡田部長は「精神的に満たされず、追い込まれた人が事件を起こしていることが確認できた。無差別殺傷事件には『動機がない』と言われ、犯人は特殊だと思われがちだが、そうではないことが裏付けられた」と話す。

◆自殺防止、事件再発防ぐ　「未遂」44％経験

「自殺防止に取り組むことが、無差別殺傷事件の再発防止につながる」。法務省の調査で自殺未遂経験者が44％に上ったことを踏まえ、調査結果を分析した精神科医らは報告書で、そう強調した。医師と捜査機関などが連携し、人を傷つけたり、自殺したりするおそれのある患者の相談に応じるよう提言している。

調査では、社会復帰の難しさも明らかになった。死刑囚6人と判決確定後の自殺者1人を除く45人のうち、釈放後の引受先が決まっているのは23人。家族と疎遠だとして更生保護施設を希望した元被告は10人いたが、いずれも「施設になじまない」と拒まれたという。

岡田部長は「孤立すれば再犯のリスクが高まる。出所後の受け入れ先を確保することが大

事だ」と指摘する。〉

秋葉原無差別殺人にみる過剰な自己愛

無差別殺傷事件を起こした人たちは、自らの動機について、明確に意識して犯罪を犯したわけではない。動機になる事柄を対象化し、認識することができていたならば、無差別殺傷という形態で問題の解決を図ろうとはしなかったであろう。この人たちは、動機について、「学生時代に受けたいじめを思い出し、いら立ちを晴らそうとした」「自分だけが不幸だと感じ、幸せそうな人を狙った」と言うが、ここには自己愛が捻《ねじ》れた形で現れている。学生時代に受けたいじめで、愛する自分の名誉と尊厳が毀損されたので、それを誰かを殺すことで晴らすという動機には、極端な愛がある。自分より幸せそうな人を殺害することで、自分の幸せが回復されると考えるのも嫉妬と自己愛が入り混じっている。

二〇〇八年六月八日の日曜日に東京都千代田区外神田（秋葉原）で、七人が死亡し一〇人が重軽傷を負った秋葉原無差別殺傷事件を起こし、二〇一五年二月二日に最高裁判所が被告人側の上告を棄却し、死刑が確定した加藤智大死刑囚の動機について、この事件を丹念に取材している毎日新聞の伊藤直孝記者は以下の見方を示している。

〈加藤被告は、現実では決して孤独ではなかった。中学時代は2人の女子生徒と交際。青森の幼なじみとは一斉メールで連絡を取り続け、静岡では同僚と居酒屋に行き、秋葉原で遊んだ。「リア充」な生活の一方で、掲示板にのめり込んでいく心情は理解しがたい。重傷を負った女性被害者は「どうして被害に遭ったうえ、法廷であなたの理屈を理解しようとしなければならないのか」と、法廷でやり場のない怒りを述べた。

検察側は公判で、事件に至る経緯として▽容姿の劣等感▽就労が不安定▽交際相手がいないこと——に悩み、掲示板の成りすましに不満を抱き、作業着が見つからなかったことに怒りを爆発させ、自分を無視した者に復讐しようとした——と動機を組み立てた。だが東京地裁判決（11年3月）は、「成りすまし」に対するストレスを主要な動機と認定。加藤被告の法廷での言い分をほぼ認めた。

加藤被告は12年7月に手記「解」を批評社から刊行。昨年までに計4冊を出版し、「成りすましとのトラブルが動機の全て」（『東拘永夜抄』）などと、検察側の見立てを批判し続けている。しかし私は、こうした手記より、弁護人や検察官の質問に答えた法廷での発言のほうに真実があるように思える。手記では独特な思考法をくどいほど繰り返し記述しているが、法廷では分かりやすい言葉で自身の反省点を振り返っていた。

「私の基準では一緒にいる時間の長さが大事だった。毎日会っている友人が月一回になれば他人同然でした」

「事件後にネットから離れて、やはり大切なのは現実の人間関係だと気付きました」（10年7月30日）

計17時間にわたった被告人質問では、孤独を恐れつつも、距離感を測りかねて友人との関係を自ら絶ち、ネット掲示板にのめり込む被告の姿が浮き彫りになった。秋葉原事件は、孤独を恐れる弱い若者が、並外れた行動力を発揮してしまったゆえに起きた、極めて不幸な事件だった。〉（二〇一五年一月三十日、インターネット・ニュースサイト「THE PAGE」）

筆者の理解では、加藤確定死刑囚は自己愛の取り扱いを誤ってしまった。この人の場合、嫉妬心は稀薄なようだ。しかし、自己愛が過剰であるが故に魂がインフレーションを起こして肥大してしまった。そして自己愛を表現する唯一の場であったネット上の掲示板を、自分に成りすました他人に荒らされたことをきっかけに、誰でも良いから他者を消し去ることによって、全知全能である自分に対する愛を確認しようとしたのだと思う。

犯罪という事態には至らないとしても、自己愛と嫉妬をうまく制御することができない人は読者の周囲にもたくさんいると思う。あるいは、読者自身が、自己愛と嫉妬とのつき合い方に悩んでいるかもしれない。本書では、さまざまな側面から自己愛と嫉妬について考察することを通じて、「負の感情」をどのようにして克服するかを読者とともに考えていきたい。

肥大した自己愛が敗れた後に……

このような考察を行う場合には、優れた小説の助けが必要だ。小説の世界では、実際にはなかなか生じない極端な形態で、自己愛と嫉妬を言語化することができるからである。まずは、本谷有希子『腑抜けども、悲しみの愛を見せろ』を取り上げる。世の中には、自己愛が肥大していて、他人の気持ちになって考えることが極度にできない人がいる。また、こういう人には嫉妬心も稀薄だ。なぜなら、自分は特別な人間なので、周囲が自分の美しさや才能に嫉妬しているのであって、自分は嫉妬のような低劣な感情は持っていないと思い込んでいるからだ。実を言うと、霞が関のエリート官僚にこういうタイプの人が多い。こういう人は大成功するか、人間関係で孤立し、社会の片隅に追いやられるかのいずれかである。この本は、周囲にいると困るが、観察しているぶんには面白い、魂のインフレーションを起こした人について書いた傑作だ。

両親が交通事故死し、女優になるために上京していた和合澄伽《わごうすみか》が四年振りに帰郷した。澄伽は高校時代、演劇部に所属し、自分は将来、大女優になると確信している。そして、高校卒業後は東京で演劇を勉強すると言って仕送りを両親にせがむ。農業に従事する両親は、経済的に余裕がなく、父親は澄伽には女優としての才能がないので諦めるように説得する。澄伽は、ナイフを振り回して大暴れし、母親の連れ子で、血がつながっていない兄の宍道《しんじ》の額を、誤って深く切ってしまう。しかし、宍道は自傷事故として処理した。澄伽は、自力で東京に行くことを考え、同級生に身体を売ってカネを稼ぎ始める。澄伽には四歳年下の妹・清《きよ》深《み》がいる。この妹の趣味は漫画を描くことだ。清深は小学校三年生のときから澄伽の日記を盗み読みしている。そして、姉の肥大した自己愛に関心を持つ。澄伽による兄への傷害、売春などについて、漫画にしているうちに、誰かに読ませたいという欲望が清深の中で肥大し、漫画雑誌に投稿する。投稿は一等賞になり清深の漫画は雑誌に掲載され、澄伽の秘密が村中に知れ渡ることになってしまった。その結果、両親も仕送りに同意し、澄伽は東京で劇団に加わる。しかし、美人ではあるが、演技が下手で、プライドの高い澄伽は、女優として認められない。澄伽は、清深の漫画が原因で演技に集中できなくなったという被害者意識を持ち、帰郷した機会に清深を徹底的に虐《いじ》める。しかし、清深はその様子を再び漫画にしていた。細部にも、グロテスクな物語が、多数埋め込まれている。自己愛と嫉妬の関係で、興味深いのが以下の記述だ。

〈それ以来、姉という人間に対する興味が清深の中で膨らみ続けた。姉のことなら何でも知りたかった。姉の思考、姉の認識、姉の意欲、姉の言動、姉が周りに与える影響。不可解としかいいようのないそれらすべてが清深にとって興味深くてたまらず、のめり込むように観察を続けた。

その中でもやはり、姉の人格を決定付けているだろう「自分が特別である」という思い込みの激しさには目を見張るものがあった。容姿がいいという以外、他人より優れているもののないように思われる姉に何故あれほどの自信が存在するのか。清深の研究のテーマはほとんどその一点に集約していったが、どれだけ和合澄伽という人間を分析しても正解と思える答えは見つからなかった。「ない」という究極の答えは、清深を更に熱狂させ、心酔させ、没頭させた。姉さえ観察し続けていられるならば、それだけでいいとすら思った。

やがて思春期に入り容姿にはっきりと自信を持ち始めた澄伽が人目をはばかることなく「自分は唯一無二の女優になる」と言い始めた辺りから、清深の興味は今後姉がいかにして現実を生きていくのかという方向へ移行し始めた。

高校を卒業すれば、現実が日常に入り込んで来る割合は今までとは比べものにならない。

確かにこれまでにも、姉には何度かそういった類いの危機が訪れていた。例えばクラスの女子が姉を敬遠し、孤立し出した時。例えば高校の文化祭で演じた舞台を、誰もが白けた目で観ていた時。まさに現実の厳しさを思い知る場面である。だが驚くべきことに、姉はそれらすべての危機を「自分は他人に理解できないほど特別な人間だ」と更に強く思い込むことではね除けていったのだった。孤高の人の位置に浸り、レベルが高過ぎる演技に誰も付いて来られないのだと、まるで疑いもしなかった。

普通なら自信をなくす場面で、姉のプライドは一層高められ、自意識はますます強められていった。だから姉が社会に出て行くことは「姉の超自我と現実との闘いなのだ」と、清深は思った。現実が姉を呑み込むか、姉が現実を取り込むか。自分でもどちらに勝ってほしいのかよく分からなかったが、その行方を見逃すわけにはいかないという思いだけは確かだった。〉（本谷有希子『腑抜けども、悲しみの愛を見せろ』講談社文庫、二〇〇七年、九三〜九四頁）

本谷有希子『腑抜けども、悲しみの愛を見せろ』

自己愛が肥大した人は、「現実が自分を呑み込むか、自分が現実を取り込むか」という危うい賭けを、自覚しないうちにし始める。結局、現実が澄伽を呑み込むことで、この作品は終わる。ここまで極端な形態ではなくても、肥大した自己愛が現実とぶつかり、敗れた人は、その後、無気力な人生を送ることになってしまうことが多い。

2 自己愛の制御を間違えば、誰もがストーカーになる

筆者が、「自己愛」が現代を読み解くための重要なテーマだと考えたのは、最近になってからのことだ。会社や役所などの組織に関する問題を扱うときに、筆者は、「嫉妬」が引き起こすさまざまな問題をどのようにして抑えるかが、組織力を強化する上での鍵と考えていた。

しかし、二十代、三十代のみならず、四十代でも嫉妬という感情は稀薄であるが、組織内で問題行動を起こす部下との対応に苦慮しているという話を聞くようになった。こういう問題行動を取る人は、自己愛が肥大していて、自分が特別な人間であるという強い信念を抱いている。嫉妬は自分よりも能力があるとか容姿が端麗であるとかいう人に対して向けられる

感情だ。自分が他人よりも圧倒的に優れていると信じている人には、嫉妬という感情自体が起きないのである。

しかし、このような自己愛が肥大した人でも、現実には社会の中で生きている。それだから、そういう人は社会との軋轢《あつれき》を起こす。その場合、自分が社会を呑み込むか、社会に自分が呑み込まれるかという究極の選択を迫られることになる。後者の場合、社会との関係を遮断してしまうという選択になるので、家族やパートナー以外の他者には、影響を及ぼさない。これに対して、自分が社会を呑み込んでしまうことを試みる人は、他者とさまざまな軋轢を起こす。その一つがストーカーだ。

「メッセージなんて送ってませんよ」

参考になるのは、綿矢りさ氏の小説「いなか、の、すとーかー」だ。主人公・石居透は、新進気鋭の陶芸家だ。強い上昇指向を持っているが、それを隠す知恵もある。東京の大学で陶芸を学んだが、そこそこ名が知れるようになると、あえて故郷の小椚《こくぬぎ》村にもどって実家の近くに工房を創った。テレビ番組で石居の生き方が肯定的に紹介される。周囲から嫉妬を受けるが、それをかわす知恵はついている。ただし、問題は、東京から透につきまとっている中年女性のストーカーだ。

〈実家から工房までは近く、徒歩でも自転車でも通える距離なのが、車の運転が苦手なおれからすればありがたい。（中略）

鼻歌を歌いながら、デニムのポケットから鍵を取り出し、ドアの鍵穴に差し込む。ドアを開けるとき、いつも誇らしい気持ちになる。この工房はおれが仕事のために建てた、おれだけの城だ。

中へ入ると、見知らぬ女がろくろを回していた。

だれだ⁉

血の気が引く。

濡らし過ぎた土が泥になって飛び散るなか、回り続ける電動ろくろの中心で、女の手が支えている、麦わら帽子みたいにやたら口の広がった器の端がゆがみ、へにゃへにゃになって、塊ごと床へ落ちた。女がゆっくりと顔を上げた。〉（綿矢りさ「いなか、の、すとーかー」『ウォーク・イン・クローゼット』講談社、二〇一五年、一一六〜一一七頁）

まるで怪談のような出来事だ。自分の聖域である工房に見知らぬ女が居るのみならず、他人には触らせない電動ろくろを回しているのだ。ストーカーは、自分が悪事を働いていると、全く思っていない。この女も、主観的には透のパートナーなので、工房に入ることは当然の権利と思っている。

〈だれだ⁉　なんでおれの工房にいる⁉

この事態に最初におれが思ったのは、ああ床に何も敷かずに作業を始めやがって、汚れがつくじゃないか、泥って干からびると床から剝がすの大変なんだぞ、だった。気が動転しすぎて一周空回りして、現実逃避的思考回路が作動したのだろう。おれに気づいた女はあわてて、水を含みすぎてびちゃびちゃになった土を床からろくろに戻し、泥の水玉を一層盛大におれの工房に飛び散らせた。

「ちょっと、何してるんですか。勝手に入ったんですか」

普通なら怒鳴ってもおかしくない場面だが、相手は自分より明らかに年上の女性なので、辛うじてトーンを抑えた。おれを見上げた女の顔や眼鏡には泥が飛びはねていて、ぼうっとした表情のまま手で顔をぬぐうと、手についた泥がさらによごした。

「おかえりなさい」

こもった声を聞き、思い出した。あいつじゃねえか！　ほらあいつ、名前分からんけど。いつもおれの個展にやってくるあの女だ。

「この前のテレビ越しに私にくださったメッセージの、真意を教えてくださいませんか」

淡々と冷静そうでいながら、おかしな内容を早口でしゃべる女、たしかに覚えがある。ああ、田舎に帰ってから、こいつの被害止んでたのに。

「メッセージなんて送ってませんよ。何してるんですか、人の工房で」〉（二七〜二八頁）

透は工芸家であるが、他の形態での表現者も、ある程度、作品が知られるようになるとストーカーに悩まされるようになる。筆者のような、ノンフィクションを扱う作家でも、つきまとわれるときがある。筆者は「近寄らないでくれ」というオーラを出すノウハウを心得ているので、それほど不愉快な目には遭わないで済んでいる。もっともそういう人は、ノート数冊によく意味が分からない自分の想い（自分が極めて能力が高いにもかかわらず、それを周囲が正当に認めていないという内容のもの）を記して送ってくるので面倒だ。綿矢氏もストーカーの被害を何度か受けたことがあると思う。そうでなくては描けないリアリティがこの作品にある。テレビやラジオに出た後で、「なぜ電波を通じて私にメッセージを送るのか。言いたいことがあれば、直接、

綿矢りさ『ウォーク・イン・クローゼット』

私に伝えればいい」というのは、ストーカーの典型的な言い分だ。

拒絶は相手の真意ではないという身勝手な認識

〈どうやって入ったかを聞くまでもなく、工房の窓が開いている。

「あなたがテレビを通して投げてきた私への質問に答えようと思って来ました。いつかまた個展を開けたらうれしい、でもいまは作品作りに徹したいとあなたは言ってたけど、私が前にあなたの個展に行ったときに、言いたいことがあるならいつでも言ってください、個展じゃないときでも、いつでも、と言ったのは、個展を開かないほうがいいという意味で言ったのとは違いますよ。あなたはつい仕事に夢中になって私の意図を取り間違えることがあって、でもそれはあなたの仕事への熱心さと思ってるから許してあげられるんだけど、個展は関係なくあなたはいつでも私のところへ来て、三年前の話の続きとか最近の作品群〝かがやく魚の胸びれ〟や〝土と水の祈り〟と『yosemite』の六月号インタビューを通しての私への〝果たして故郷での創作は可能なのか〟という質問を、直接聞きに来ていいんです、だから私もわざわざ小椚村まで新幹線に乗って来たわけだし」

いますぐ逃げ出したいが、女の後ろの棚にはここ一ヵ月かけて作った作品群が並んでいる。

おれがいなくなったあとこいつが暴れて壊されたらたまらない。女はまだ訳の分からないことを呟いている。おれを見ようとはせず、ぐるんぐるん回り続けるろくろも見ようとせずに、指紋だらけで脂じみてる厚いレンズの眼鏡の向こうの輝きのない引っ込んだ眼で、おれが知らない知りたくもない異次元の世界を眺めている。〉（二八～二九頁）

女は、砂原美塑乃《みその》という中年女性で、透が五年前に美術大学の卒業制作の展示会をしたときから、ストーカー行為を続けている。最初、透は自分の作品に関心があるのかと勘違いしていた。しかし、砂原は、陶芸には何の関心もなく、自分は透と運命の糸によって結ばれていると確信している。こういう確信を抱いているストーカーは、いくら拒絶反応を示しても、それが相手の真意ではないという身勝手な認識をしているので面倒だ。

〈「ちょっと待って、怒らないで、早とちりしないで聞いてください。あなたの気持ちは分かります。でも私がろくろを回したのは理由があって、それはあなたが練馬区の『ひと・まち・ふれあい』というタウンペーパーで、〝どんな人でも心を込めて作ればその人なりの作品ができる、だからやったことのない人にこそ経験してもらいたい〟と言ってて、これは偶然なのか、あなたの勘が鋭いのか分かりませんが、ちょうど私が初めての焼き物を仕上げた日の三日後だったんですよ。あのときの作品をあなたが見たがると思って保管していたけど今回ここに来るに当たって見直したら出来は良かったけど古びてるから新しいのを渡せば、私もあなたの持論に賛成だということを分かってもらえると思って」

「いいから、早く出てってくれ！」

大声を出すと女は腰を浮かし、おどおどしながらドアから部屋を出た。

「分かりました、今日は帰ります。ろくろを使ったのは軽率でした、大事なお仕事道具にさわってしまい、すみません」

「今日だけじゃなくて、もう二度と来ないでください」

「ごめんなさい、お仕事の時間が始まってしまいますよね。ひとつだけ伝えたいのは、〝私はもう準備できているから、どうぞ安心してください〟ということです」

「は？　全然意味分からないです」

「分かってると思います。あ、でもあなたは硬派だから、言いにくいって私も分かってますから気にしないでください。急ぎません。ただ私もこんな風にわざわざ伝えに来るのは大変だから、今度からはテレビやインタビュー記事を通して言うんじゃなく、直接言ってください」〉（二九～三〇頁）

ストーカーの正体は……

面倒なことになった。砂原は、透と結婚することになると確信している。そして、透のプロポーズを待っている。せっかく故郷に工房を作ったのに、それでは仕事ができなくなってしまう。そこで透は、小学校からの友だちのすうすけに助けを求める。すうすけは、支援を約束する。しかし、砂原のストーカー行為はエスカレートしてくる一方だ。

〈砂原はおれが外出中のときは工房のポストに手紙を放り込むようになった。ノートの切れ端には青のチョークでスキデスと書かれ、女らしい花柄の便箋には赤いボールペンで、いっしょに死んでと書かれていた。しわくちゃに丸めたごみみたいな紙には、調子に乗ってメディアに出るな、私だけのものでいてと書かれていた。会ったときは訳は分からないながらも丁寧な口調で話してるけど、本性はここまで過激なのかと書き殴られたでかい文字を見て戦慄する。殺人予告一歩手前じゃないか。工房で寝泊まりする夜は、山で野宿している砂原の映像が頭から離れない。〉（四四頁）

砂原は、近くのドミトリーに長期滞在し、毎日、工房に訪ねてくる。そのうち、ストーカー行為がエスカレートし、死んだ虫をポストに投げ入れるようになった。これでは陶芸に集中することができない。それに透には、幼なじみで何となく互いに好意を寄せている四歳年下の松本果穂《かほ》がいる。砂原が果穂に危害を加えるのではないかと不安になった。透はうすうすけと協力してストーカーの現場を取り押さえようとした。ある夜、工房に潜んでいた透は、ついにストーカー行為の現場に出くわす。午前二時半、ドアの下から赤文字で「死ね」と書かれた紙がドアの下から差し入れられた。透は静かにドアを開けて、ストーカーを追いかけた。透は、ストーカーのすぐ後まで迫ったところで、女が砂原ではなかったことを知った。ストーカーは、故郷から離れた間も透をずっと慕っていた果穂だったのだ。透は意を決して果穂の家を訪ねた。

〈果穂は笑顔を崩さず、おれの方に身を近づけた。

「私はお兄ちゃんのこと、好きなの。お兄ちゃんのお仕事も。ずっと応援してきたし、これからももちろん応援するつもり。でも人気が出てきたからって、色気を出してほかの仕事ばかりするお兄ちゃんは、ちょっと嫌いだよ。そのうち小椚村を離れてまた上京したいと言い出したり、新しく近寄ってきた女に手を出すかもしれないから」

だからあんな嫌がらせの手紙を出したのかと、言いたいが怖くて言えない。しかも言う必要はない。果穂は自分が犯人だとばれてることを、すでに知っている。笑ったままだが、黒目は怒りと独占欲で、これ以上ないほどぎらぎら輝いていた。

「どこまでが仕事だって分けられないんだよ。果穂から見て不要なものも、おれの仕事に含まれてるんだ。それにおれの動機は、有名になりたいとか、モテたいとかではないんだ。もちろん人付き合いをしたり、いろんなことに挑戦してインスピレーションを得たりできるのはありがたい。でもそれ以上に使命感がある。いままで陶芸の仕事を通して経験させてもらった色々を、社会に還元したいんだよ。本当に良い器が、どんな家庭にも置いてある、そんな生活が実現できるように貢献したい」

「それなら小椚村で無料の陶芸教室を開いて、子どもに教えたら？　自分の得たものを、まだ得てない人に広める、それが還元だよ。もっと上に行きたい、地道な努力はやめにして、自分の地位をもっと上の華やかな場所に置きたいって気持ちが多く混ざってるのに、ごまかして社会のためとか言うのは、芸術を愚弄してるよ。私はお兄ちゃんの真のすばらしさ、作品の良さを知っているから、正しい道を見逃してほしくない。本当に感謝とか、いままでの仕事とか使命とかって、逃げる理由として一番かっこいいから、よく使われるよね」

「何から逃げる？」

「私とあなたの人生」

おれをあなたと呼ぶ果穂の顔が急に別の人間に見えて混乱する。

「うん……でもおれたち付き合ってないよね？」

果穂の瞳が暗くなり、数秒後また現実に帰ってくる。

「私はお兄ちゃんの怒りの処理の仕方が好き。瞳は荒《すさ》むけど、態度には出さないまま、ゆっくりとまた冷静さが戻ってくるの。優しいソフトなままでね。とても男らしいと思う」

果穂がゆっくりと顔を近づけてくる。

「お兄ちゃんはこの村で、ずうっと、永遠に、陶器を作り続けていればいいの。私とお兄ちゃんの、二人だけの世界で、十分幸せなんだよ」〉（八八〜八九頁）

自己愛の延長線上に

果穂は、透がパートナーとなると一方的に決めている。この点で、砂原とまったく変わらない。果穂にとって、他者である透を尊重するという気持ちは小指のかけらほどもない。自己愛の延長線上に透がいて、透をいつまでも、側に置いて閉じ込めておきたいのだ。透は、果穂の家から逃げ出して、すうすけの家を訪ね、どうしたらよいのか相談する。

〈「実は果穂が犯人だって分かる前から、ちょっと違和感は感じてた。じっさいの砂原と、手紙に書いてある内容がずれてるなって。

　あとストーカーの心理について調べてたとき、ストーカーもタイプ別に分かれてるという記事を読んで、不思議に思ったんだ。砂原は有名人を自分の運命の人と思い込む典型的なタイプで、初めから名乗ってたし、手紙も手渡しで、工房までやって来たときも、自分を隠すどころかころくろを回してた。

　でもその後の嫌がらせは、すべておれのいない間になされた。手紙も差し出し人名はなく、悪質だった。そういうことをやるのは、元交際相手などが変貌したタイプのストーカーだと書いてあった。でも、こんなことを考えても、もう後の祭りだ」

「じゃあ、果穂なんててきとうにヤリ捨てちゃえよ。性格アレでも、顔はまあまあ可愛いんだから、てきとうに遊んでから、ぽいっと」

「無理。殺される」

「あり得るな」

　沈黙が続く部屋で、のんきな扇風機の音だけが聞こえる。〉（九一〜九二頁）

　結局、この小説は、思いがけない結末になるのだが、そのことを披露すると読者から「いなか、の、すとーかー」を読む楽しみを奪ってしまうことになるので、本稿では触れない。

読者には、『ウォーク・イン・クローゼット』を是非手にとって読んでほしい。

この作品が優れているのは、透を通じてストーカー被害の深刻さを描くとともに、果穂を通じて、ストーカーになってしまう人の苦しさも描いていることだ。自己愛の制御を間違えると、誰だってストーカーになってしまう可能性があることをこの作品から学び取らなくてはならない。

3 筆者が嫉妬心を研究するワケ

陰性で粘着質な男の嫉妬

ここまでは、自己愛について掘り下げたので、次は嫉妬について考えてみよう。嫉妬に関しては、神話、小説、ノンフィクション、学術書など、それこそ無数の作品がある。それらの中で、山内昌之『嫉妬の世界史』（新潮新書、二〇〇四年）を読者に一押しでお薦めする。本書は、嫉妬の構造と実例について解明した優れた作品だ。山内氏は、嫉妬を〈他人が順調であり幸運であることをにくむ感情〉（一〇頁）と定義する。簡潔にして適確な定義と思う。山内氏は、男の嫉妬に注目してこう述べる。

〈嫉妬は女のさがであり、男は嫉妬しないと言う人もいる。

たしかに、白川静もいうように嫉とは疾に通じ、疾病《しっぺい》や疾悪《しつお》という意味につながる。もともと、その情は「女人において特に甚だしい」ことから、嫉の字を用いたというのだ。「ねたむ」「そねむ」の意味をもつ妬も、女偏をもつのは同じことである（『字訓』）。

しかし、男も嫉妬するのだ。男が嫉妬しないという人は、古代ギリシアの政治家テミストクレスの言い分を聞いてみよう。

彼は、まだ自分はねたまれたこともないところから見て、何一つ輝かしいことはしていない、と語ったことがある。もちろんわれわれ普通人は、「仰ぎ見られること」を望むあまりに、好き好んで嫉妬されることを望む必要はないのだ（アイリアノス『ギリシア奇談集』）。

実際にテミストクレスは、サラミスの海戦（前四八〇）でアケメネス朝ペルシアの海軍を撃破しながら、市民の強烈な嫉妬と反感にあって陶片追放で死刑を宣告されたのである（細かい経緯について述べると、陶片追放にあい、その後、別の裁判で死刑判決を言い渡された

山内昌之『嫉妬の世界史』

――引用者註）。テミストクレスは、皮肉なことにペルシアに亡命した。さしずめ、中国古代のことわざにいう「野獣すでに尽きて猟犬煮らる」というところかもしれない。

中国では、病的なやきもちやきを「妬癡《とち》」と呼ぶ。唐の時代に李益という男がいた。この人物は自分の妻女を疑い、明けても暮れても苛酷なまでに「妬癡」したために、男の妬疾のはなはだしいことを「李益の疾」というくらいであった。また、男の妬を指すために「娼《ぼう》」という漢字があったほどである（『字統』）。この点でいえば、むしろ男の嫉妬の方が始末におえないのである。

たしかに、一部の極端な事例はともかく、女性の嫉妬にはどこか可愛く間の抜けたところがある。「おかやき」という言葉にも愛嬌がひそんでいる。他人の仲の良さをねたんだり、はたでやきもちをやくのは、女性のせっかい好きと無関係ではない。

それと引き換え、男性の嫉妬はどうにも陰性で粘液質ではないだろうか。自分が他人より劣る、不幸だという競争的な意識があって心にうらみなげくことを「嫉《ねた》む」という感情だと考えるなら（『字訓』）、古くから仕事の上で競争にさらされてきた男の場合こそ、嫉妬心を無視するわけにはいかないのだ。〉（一一一～一一三頁）

外交をめぐる元総理たちの嫉妬

筆者は外交官として、霞が関の官僚や永田町の政治家を間近で見る経験をした。確かに男の嫉妬はすさまじかった。官僚の場合、嫉妬を感じても、それを隠す知恵が身についている。しかし、同期が一歩先に出世すると、笑いながら「よかったね」と言っても、一瞬、口元が引きつるという形で、嫉妬が表れるのだ。

政治家の嫉妬を筆者が皮膚感覚で初めて実感したのは、二〇〇〇年四月のことだった。四月四日、小渕恵三首相の親書を携行した鈴木宗男自民党総務局長（当時）がモスクワのクレムリンで、選挙で大統領に当選した直後のプーチンと会談した。

小渕氏は脳梗塞で意識不明の状態だったが、鈴木氏は次期首相になることが内定していた森喜朗自民党幹事長と電話で緊密に連絡を取り、四月末の森・プーチン会談の日程を取りつけた。こういう外交上の重要な出来事があると、外務官僚は、自民党の有力者に対して非公式に報告を行う。このときは東郷和彦外務省欧亜局長がこの任に当たった。ある日の夕刻、東郷氏から「ちょっとこっちに来てくれませんか」という電話がかかってきた。沈んだ声だった。何か悪いニュースがあったかと思い、私は外務省中央棟四階の欧亜局長室に行った。

「鈴木さんとプーチンの会談について、中曽根康弘総理、橋本龍太郎総理、三塚博大臣、中山太郎大臣に説明してきた、そうしたらみんな憤然とした調子なんだ。特に橋本総理は、相槌すら打たずに、すぐに立ち上がって、退室を促した」

外務省では、政治家の肩書きは、その政治家が就いたことのある最高ランクを使う。それだから、中曽根氏や橋本氏には、総理という肩書きを用いる。東郷氏は、自分に災いが降ってくるのではないかと怯えていた。

「事前に根回しをしなかったんで、ふくれているのでしょうか」と筆者は尋ねた。

「事前の根回しはしてある」と東郷氏は答えた。

「それじゃ、何であの人たちはふくれているんですか」

「ヤキモチだと思う。鈴木大臣に嫉妬しているんだ。男のヤキモチは権力闘争と結びつくので質《たち》が悪い。あなたから鈴木大臣に注意するようにさりげなく伝えておいてくれ」

「わかりました」

嫉妬が引き金で混乱に陥った外務省

東郷氏からは「さりげなく伝えろ」という指示であったが、この種の内容についてはさりげなく伝えると、伝えた人が作り話をしていると誤解される危険性がある。そこで私は、東郷氏とのやりとりを正確に鈴木氏に伝えた。

鈴木氏は、「そうか。男のヤキモチは恐いからな。しかし、中曽根先生にしても橋本先生にしても、俺からすれば雲の上の人だ。俺のことなんか歯牙にもかけていないと思うよ。東郷さんが気にしすぎているんじゃないかな。俺の方からもきちんと挨拶をしておくよ」という反応だった。

筆者は鈴木氏の反応を東郷氏に伝えた。東郷氏は「そうですか。僕の取り越し苦労かもしれない」と言い、その後、この話を蒸し返すことはなかった。いずれにせよ、中曽根氏、橋本氏、鈴木氏の関係が複雑になると外務省としても面倒なので、筆者はこの話を川島裕外務事務次官に報告した。川島次官は、しばらく黙っていたが、深刻そうな面持ちでこう言った。

「ヤバイな。見えちゃったな」

「見えちゃった？　何がですか」

「鈴木さんとロシアの人脈が本当に深いことと、外務省がそれをサポートしていることがだ」

「みんな気づいていたんじゃないでしょうか」

「いや、政治家は基本的に自分のことしか考えていない。今まで鈴木さんのことは、フットワークがよく、役に立つ若手くらいにしか見ていなかったが、今回、プーチンと単独会談をしたことで、もしかしたら自分たちのライバルになるんじゃないかと思い始めている」

「ライバルというと、外務大臣になるということですか」

「外務大臣になるのは、織り込み済みだ。その先だ」

「鈴木さんが総理になるということですか」

「そうだ。鈴木政権の誕生を念頭に置いて、外務省が鈴木さんに賭けていると思い始めている。これから面倒なことになるぞ」

川島次官の懸念は、二〇〇一年四月に小泉純一郎政権が誕生し、田中真紀子外相が就任したことで現実になった。田中氏は、外務省が鈴木氏に支配されているという認識を一方的に抱き、人事パージを始めたので、外務省は大混乱に陥り、外務省幹部も生き残りに必死になり、外交どころではなくなった。

嫉妬心が希薄なのは美徳では済まない

結局、外務省の大混乱は、鈴木宗男氏が東京地方検察庁特別捜査部に二〇〇二年六月十九日に逮捕されることで、収束に向かっていった。その露払いとして、筆者は、同年五月十四日、東京地検特捜部に逮捕された。筆者は鈴木氏に対して申し訳ないと心の底から思った。なぜなら、筆者らロシア・スクール（外務省でロシア語を研修し、対ロシア外交に従事する外交官）が、鈴木氏を北方領土交渉に巻き込まなければ、鈴木氏が田中氏と対立することもなかったし、東京地検特捜部によって逮捕されることもなかったからだ。それだから、筆者は鈴木氏逮捕に抗議して六月十九日夜から四八時間、ハンガーストライキを行った。ハンストは、自傷行為と見なされるので、拘置所では処分対象となる。しかし、拘置所の職員たちから、「飯を食わないと処分するぞ」と脅されたことは一度もなかった。何人かの職員は、筆者の耳元で「頑張れよ」と激励の言葉を囁いた。四八時間のハンストが終わったときは、担当の拘置所職員から「頑張ったね。あなたの思いは宗男さんに通じたよ」と言われた。このハンストをしてから、拘置所職員は、筆者に気軽に声をかけてくるようになり、差し入れの本が独房に届くのも早くなった。

筆者の取り調べを担当した検事も、「ハンストの間は、あなたは取り調べも拒否するだろうから、取り調べは止めるよ。そのかわり鈴木さんの実像を知るのによい本を紹介してくれ」と筆者に尋ねた。

巷間伝わっている鈴木宗男氏のイメージは、ネガティブな要素が肥大してしまったので、到底この世のものとは思えないようなモンスター（化け物）になっているが、長年、国策捜査に携わった特捜検事は、これが実像からはるかにかけ離れていることくらいは気付いている。まず、等身大の鈴木宗男像を摑み、その上で料理したいというのが特捜検察の思惑と筆者は読んだ。検察が正確な鈴木像を持つことは、無理な事件を作り上げることの抑止要因になる。この目的に適う範囲で検察の要請に筆者が協力しても鈴木氏に迷惑をかけることにはならない。

「鈴木さんについて、何を読んだらいいのだろうか。あなたの知恵を借りたい。例えば、中川一郎農水大臣と鈴木さんの関係についてはどう見たらよいのか。ほんとうに鈴木さんは中川さんを慕っているのか。それともあれは見せかけか。そういう基本がわかる本がないだろうか。週刊誌の記事じゃどうもピンとこないんだ」と検事は尋ねた。

「内藤國夫『悶死——中川一郎怪死事件』（草思社、一九八五年）がいいよ」と筆者は答えた。

ハンストが終わってから初めての取り調べ（六月二十一日）のときに検事からこんなことを言われた。

「『悶死』は、国会図書館になかったので、日比谷図書館で借りたよ。実に面白い本だった。鈴木さんを取り調べる特捜の副部長にも『佐藤氏のお薦め』と言って回しておいた。鈴木さんのパーソナリティーがよく描かれているね。要するに気配りをよくし、人の先回りをしていろいろ行動する。そして、鈴木さんなしに物事が動かなくなっちゃうんだな。それを周囲で嫉妬する人が出てくる。しかし、鈴木さんは自分自身に嫉妬心が稀薄なので、他人の妬み、やっかみがわからない。それでも鈴木さんは自分が得意な分野については、全て自分で管理しようとする。それが相手のためとも思うけど、相手は感謝するよりも嫉妬する。その蓄積があるタイミングで爆発するんだ。中川夫人の鈴木氏に対する感情と田中真紀子の感情は瓜二つだ。本妻の妾に対する憎しみのような感情だ。嫉妬心に鈍感だということをキーワードにすれば鈴木宗男の行動様式がよくわかる」

筆者は、このときまでに「鈴木氏に嫉妬心が稀薄で、それ故に他者の嫉妬心に鈍感だ」という見立てを検事に話したことはない。この検事の洞察力を侮ってはならないと感じた。鈴木宗男事件に巻き込まれるまで、筆者は嫉妬心が稀薄であることは美徳であると考えていた。しかし、それは間違いだ。嫉妬心が稀薄だと、他人の嫉妬心を察知することに鈍感になってしまい、それが結果として大きなトラブルを引き起こすことになるからだ。筆者も嫉妬心が稀薄なほうなので、職業作家になってからは、あえてこのテーマに積極的に取り組んで、嫉妬を察知する力を高めようと考えている。

4 『それから』にみる男の嫉妬の破壊的な恐ろしさ

代助と三千代の悲恋という読まれ方

夏目漱石の小説は、どれも複数の解釈が可能だ。今回、取りあげるのは『それから』だ。この小説は、一九〇九年六月二十七日から同年十月四日まで、『東京朝日新聞』と『大阪朝日新聞』に連載され、単行本は、翌一九一〇年一月に春陽堂から刊行された。優れた小説は、主人公に感情移入できるような構成になっている。従って、『それから』を素直に読んでいると、主人公の長井代助に感情移入することになる。

長井代助は、東京帝国大学を卒業したが、定職に就かず、実業家の兄などから経済的支援を受けつつ読書や思索で毎日時間をつぶしている高等遊民だ。代助には、学生時代に平岡常次郎と菅沼という友人がいた。菅沼には三千代という妹がいた。四人はよく一緒に遊んだ。菅沼がチフスで死ぬ。種々の経緯があったが、代助は平岡から三千代に好意を寄せていると相談されたので、間に入り二人を結びつける。銀行に就職したが、そこで仕事上のトラブルに巻き込まれ、借金を作った平岡は東京に戻り、新聞記者になる。代助は、平岡邸に出入りし、三千代が平岡との生活に満足していないことを知る。それとともに、これまで封印していた、三千代を愛しているという学生時代からの気持ちを抑えられなくなる。三千代も代助を昔から愛していたと告白する。二人は、愛に忠実に新しい生活を始めることを決意し、代助は平岡に想いを告げる。平岡は、三千代を代助に譲ることには同意するが、現在、三千代がかかっている病気から回復することを条件とし、それまで三千代とは一切会わせないと言い、代助と絶交すると宣告する。代助は、平岡が、三千代が病死するのを待ち、死体を引き渡すつもりではないかと考える。このときから、徐々に代助は精神に変調をきたし始める。一方、平岡は、刑法の姦通罪に該当するような不倫行為を代助が自分の妻と行ったという告発文を代助の父に送る。代助の兄がその手紙を持参し、代助を詰問するとともに勘当を言い渡す。その結果、代助は精神錯乱に陥ってしまう。『それから』の末尾はこうなっている。

〈兄の去った後、代助はしばらく元のままじっと動かずにいた。門野（代助の家に住み込んでいる書生――引用者註）が茶器を取り片付けに来た時、急に立ち上がって、「門野さん。僕は一寸《ちょっと》職業を探して来る」と云うや否や、鳥打帽を被《かぶ》って、傘も指《さ》さずに日盛りの表へ飛び出した。

代助は暑い中を馳けないばかりに、急ぎ足に歩いた。日は代助の頭の上から真直に射下《いおろ》した。乾いた埃《ほこり》が、火の粉の様に彼の素足を包んだ。彼はじりじりと焦《こげ》る心持がした。

「焦る焦る」と歩きながら口の内で云った。

飯田橋へ来て電車に乗った。電車は真直に走り出した。代助は車のなかで、

「ああ動く。世の中が動く」と傍《はた》の人に聞える様に云った。彼の頭は電車の速力を以て回転し出した。回転するに従って火の様に焙《ほて》って来た。これで半日乗り続けたら焼き尽す事が出来るだろうと思った。

忽《たちま》ち赤い郵便筒《ゆうびんづつ》が眼に付いた。するとその赤い色が忽ち代助の頭の中に飛び込んで、くるくると回転し始めた。傘屋の看板に、赤い蝙蝠傘《こうもりがさ》を四つ重ねて高く釣るしてあった。傘の色が、又代助の頭に飛び込んで、くるくると渦を捲いた。四つ角に、大きい真赤な風船玉を売ってるものがあった。電車が急に角を曲るとき、風船玉は追懸《おっかけ》て来て、代助の頭に飛び付い

た。小包郵便を載せた赤い車がはっと電車と摺《す》れ違うとき、又代助の頭の中に吸い込まれた。烟草屋《たばこや》の暖簾《のれん》が赤かった。売出しの旗も赤かった。電柱が赤かった。赤ペンキの看板がそれから、それへと続いた。仕舞には世の中が真赤になった。そうして、代助の頭を中心としてくるりくるりと燄《ほのお》の息を吹いて回転した。代助は自分の頭が焼け尽きるまで電車に乗って行《ゆ》こうと決心した。〉（夏目漱石『それから』新潮文庫、三四三〜三四四頁）

代助と三千代の悲恋に涙し、平岡の陰険さに憤るというのは通常の感想と思う。ここで、平岡の視座から代助を見ると、印象がまったく異なってくる。まず、二人の関係についてだ。

嫉妬深い代助

〈代助と平岡とは中学時代からの知り合で、殊《こと》に学校を卒業して後《のち》、一年間というものは、殆《ほと》んど兄弟の様に親しく往来した。その時分は互に凡《すべ》てを打ち明けて、互に力に為り合う様なことを云うのが、互に娯楽の尤《もっと》もなるものであった。この娯楽が変じて実行となった事も少なくないので、彼等は双互の為《た》めに口にした凡ての言葉には、娯楽どころか、常に一種の犠牲を含んでいると確信していた。そうしてその犠牲を即座に払えば、娯楽の性質が、忽然《こつぜん》苦痛に変ずるものであると云う陳腐な事実にさえ気が付かずにいた。一年の後平岡は結婚した。同時に、自分の勤めている銀行の、京坂《けいはん》地方のある支店詰になった。代助は、出立《しゅったつ》の当時、新夫婦を新橋の停車場《ステーション》に送って、愉快そうに、直《じき》帰って来給《きたま》えと平岡の手を握った。平岡は、仕方がない、当分辛抱するさと打遣《うっちゃ》る様に云ったが、その眼鏡の裏には得意の色が羨《うらや》ましい位動いた。それを見た時、代助は急にこの友達を憎らしく思った。家《うち》へ帰って、一日部屋へ這入ったなり考え込んでいた。嫂《あによめ》を連れて音楽会へ行く筈の所を断わって、大いに嫂に気を揉《も》ました位である。

平岡からは断えず音便《たより》があった。安着の端書、向うで世帯《しょたい》を持った報知、それが済むと、支店勤務の模様、自己将来の希望、色々あった。手紙の来るたびに、代助は何時も丁寧な返事を出した。不思議な事に、代助が返事を書くときは、何時でも一種の不安に襲われる。たまには我慢するのが厭《いや》になって、途中で返事を已めてしまう事がある。ただ平岡の方から、自分の過去の行為に対して、幾分か感謝の意を表して来る場合に限って、安々と筆が動いて、比較的なだらかな返事が書けた。〉

（一二一～一二二頁）

夏目漱石『それから』

代助も平岡も、相手に対して自己を犠牲にすることが友情であると、息が詰まるような掟を作っている。代助は、自覚はしていないが、決して淡泊な性格ではなく、嫉妬深い。それだから、平岡が三千代と結婚し、幸せな家庭を持ち、自信満々で銀行の京阪支店に赴任する現実に直面し、嫉妬する。平岡を憎らしいと思うだけでなく、一日中、部屋から出てこられないという身体症状を示したのである。

トラブルで銀行を退職して東京に戻ってきた平岡は、代助に事情を説明する。

〈支店長は平岡の未来の事に就て、色々心配してくれた。近いうちに本店に帰る番に中《あた》っているから、その時は一所に来給えなどと冗談半分に約束までした。その頃は事務にも慣れるし、信用も厚くなるし、交際も殖えるし、勉強をする暇が自然となくなって、又勉強が却《かえ》って実務の妨《さまたげ》をする様に感ぜられて来た。

支店長が、自分に万事を打ち明ける如《ごと》く、自分は自分の部下の関という男を信任して、色々と相談相手にしておった。ところがこの男がある芸妓《げいしゃ》と関係《かかりあ》って、何時の間にか会計に穴を明けた。それが曝露《ばくろ》したので、本人は無論解雇しなければならないが、ある事情からして、放って置くと、支店長にまで多少の煩《わずらい》が及んで来そうだったから、其所で自分が責《せめ》を引いて辞職を申し出た。

平岡の語る所は、ざっとこうであるが、代助には彼が支店長から因果を含められて、所決を促がされた様にも聞えた。それは平岡の話しの末に「会社員なんてものは、上になればなる程旨《うま》い事が出来るものでね。実は関なんて、あれっぱかりの金を使い込んで、すぐ免職になるのは気の毒な位なものさ」という句があったのから推したのである。

「じゃ支店長は一番旨い事をしている訳だね」と代助が聞いた。

「或はそんなものかも知れない」と平岡は言葉を濁してしまった。

「それでその男の使い込んだ金はどうした」

「千に足らない金だったから、僕が出して置いた」

「よく有ったたね。君も大分旨い事をしたと見える」

平岡は苦い顔をして、じろりと代助を見た。

「旨い事をしたと仮定しても、皆《みんな》使ってしまっている。生活《くらし》にさえ足りない位だ。その金は借りたんだよ」

「そうか」と代助は落ち付き払って受けた。代助はどんな時でも平生の調子を失わない男である。そうしてその調子には低く明らかなうちに一種の丸味が出ている。

「支店長から借りて埋めて置いた」

「何故支店長がじかにその関とか何とか云う男に貸して遣《や》らないのかな」

平岡は何とも答えなかった。代助も押しては聞かなかった。二人は無言のまましばらくの間並んで歩いて行った。

代助は平岡が語ったより外に、まだ何かあるに違ないと鑑定した。けれども彼はもう一歩進んで飽《あく》までその真相を研究する程の権利を有《も》っていないことを自覚している。又そんな好奇心を引き起すには、実際あまり都会化し過ぎていた。〉（二七〜二九頁）

いつも上から目線

平岡の告白を聞いた代助は嬉しそうだ。それは平岡も横領に関与したという心証を得たからだ。平岡の借金返済を助けようと代助は兄と折衝するが、その姿勢は、優位にいる自分が窮地に陥った親友を助けてあげるという「上から目線」だ。代助は根源的なところで平岡を軽蔑している。そのことが、代助と父の以下のやりとりに端的に表れている。

〈「身体《からだ》は丈夫だね」

「二三年このかた風邪を引いた事もありません」

「頭も悪い方じゃないだろう。学校の成蹟《せいせき》も可なりだったんじゃないか」

「まあそうです」

「それで遊んでいるのは勿体ない。あの何とか云ったね、そら御前の所へ善く話しに来た男があるだろう。己《おれ》も一二度逢《あ》ったことがある」

「平岡ですか」

「そう平岡。あの人なぞは、あまり出来の可《い》い方じゃなかったそうだが、卒業すると、すぐ何処《どこ》かへ行ったじゃないか」

「その代り失敗《しくじつ》て、もう帰って来ました」

老人は苦笑を禁じ得なかった。

「どうして」と聞いた。

「つまり食う為に働らくからでしょう」

老人にはこの意味が善く解《わか》らなかった。〉（四〇～四一頁）

食う為に働いている卑しさが、平岡が横領に関与した原因と代助は認識している。代助は、成績も悪く経済力もない平岡に対して、自分が常に優位であると確信している。これに対して、平岡は、代助の上から目線を十分に認識しているが、それでも友情は崩れないと確信している。このことは以下のやりとりから顕著に読み取ることができる。

〈平岡の談話は一躍して高い平面に飛び上がった。

「僕は失敗したさ。けれども失敗しても働らいている。又これからも働らく積りだ。君は僕の失敗したのを見て笑っている。――笑わないたって、要するに笑ってると同じ事に帰着するんだから構わない。いいか、君は笑っている。笑っているが、その君は何も為《し》ないじゃないか。君は世の中を、有《あり》のままで受け取る男だ。言葉を換えて云うと、意志を発展させる事の出来ない男だろう。意志がないと云うのは嘘《うそ》だ。人間だもの。その証拠には、始終物足りないに違ない。僕は僕の意志を現実社会に働き掛けて、その現実社会が、僕の意志の為に、幾分でも、僕の思い通りになったと云う確証を握らなくっちゃ、生きていられないね。そこに僕と云うものの存在の価値を認めるんだ。君はただ考えている。考えてるだけだから、頭の中の世界と、頭の外の世界を別々に建立《こんりゅう》して生きている。この大不調和を忍んでいる所が、既に無形の大失敗じゃないか。何故と云って見給《みたま》え。僕のはその不調和を外へ出したまでで、君のは内に押し込んで置くだけの話だから、外面に押し掛けただけ、僕の方が本当の失敗の度は少ないかも知れない。でも僕は君に笑われている。そうして僕は君を笑う事が出来ない。いや笑いたいんだが、世間から見ると、笑っちゃ不可《いけ》ないんだろう」

「何笑っても構わない。君が僕を笑う前に、僕は既に自分を笑っているんだから」〉（九九〜一〇〇頁）

代助の嫉妬が平岡を崩壊させた

一見、平岡は嫉妬深いように見えるが、本質的なところでは、友情を信じている。代助が三千代との関係を告白するまで、平岡は、妻と親友に裏切られていたことに一切気付いていなかった。代助は、平岡の妻に対する愛情と親友に対する信頼を徹底的に破壊するような説明を行う。

〈代助は一段声を潜めた。そうして、平岡夫婦が東京へ来てから以来、自分と三千代との関係がどんな変化を受けて、今日に至ったかを、詳しく語り出した。平岡は堅く唇を結んで代助の一語一句に耳を傾けた。代助は凡《すべ》てを語るに約一時間余を費やした。その間に平岡から四遍程極めて単簡《たんかん》な質問を受けた。

「ざっとこう云う経過だ」と説明の結末を付けた時、平岡はただ唸《うな》る様に深い溜息《ためいき》を以《もつ》て代助に答えた。代助は非常に酷《つら》かった。

「君の立場から見れば、僕は君を裏切りした様に当る。怪《け》しからん友達だと思うだろう。そう思われても一言もない。済まない事になった」

「すると君は自分のした事を悪いと思ってるんだね」

「無論」

「悪いと思いながら今日まで歩を進めて来たんだね」と平岡は重ねて聞いた。語気は前より
も稍《やや》切迫していた。

「そうだ。だから、この事に対して、君の僕等に与えようとする制裁は潔《いさぎ》よく受ける覚悟だ。今のはただ事実をそのままに話しただけで、君の処分の材料にする考だ」

平岡は答えなかった。しばらくしてから、代助の前へ顔を寄せて云った。

「僕の毀損《きそん》された名誉が、回復出来る様な手段が、世の中にあり得ると、君は思っているのか」

今度は代助の方が答えなかった。

「法律や社会の制裁は僕には何にもならない」と平岡は又云った。

「すると君は当時者だけのうちで、名誉を回復する手段があるかと聞くんだね」

「そうさ」

「三千代さんの心機を一転して、君を元よりも倍以上に愛させる様にして、その上僕を蛇蝎《だかつ》の様に悪《にく》ませさえすれば幾分か償《つぐない》にはなる」

「それが君の手際《てぎわ》で出来るかい」

「出来ない」と代助は云い切った。

「すると君は悪いと思ってる事を今日まで発展さして置いて、猶《なお》その悪いと思う方針によって、極端まで押して行こうとするのじゃないか」

「矛盾かも知れない。然《しか》しそれは世間の掟《おきて》と定めてある夫婦関係と、自然の事実として成り上がった夫婦関係とが一致しなかったと云う矛盾なのだから仕方がない。僕は世間の掟として、三千代さんの夫たる君に詫《あや》まる。然し僕の行為その物に対しては矛盾も何も犯していない積りだ」

「じゃ」と平岡は稍声を高めた。「じゃ、僕等二人は世間の掟に叶《かな》う様な夫婦関係は結べないと云う意見だね」

代助は同情のある気の毒そうな眼をして平岡を見た。平岡の険しい眉が少し解けた。

「平岡君。世間から云えば、これは男子の面目に関《かか》わる大事件だ。だから君が自己の権利を維持する為《ため》に、——故意に維持しようと思わないでも、暗にその心が働らいて、自然と激して来るのは已《やむ》を得ないが、——けれども、こんな関係の起らない学校時代の君になって、もう一遍僕の云う事をよく聞いてくれないか」

平岡は何とも云わなかった。代助も一寸《ちょっと》控えていた。烟草《たばこ》を一吹《ひとふき》吹いた後で、思い切って、

「君は三千代さんを愛していなかった」と静かに云った。

「そりゃ」

「そりゃ余計な事だけれども、僕は云わなければならない。今度の事件に就て凡ての解決者はそれだろうと思う」

「君には責任がないのか」

「僕は三千代さんを愛している」》(三二六~三二九頁)

代助は、平岡に、「君は三千代さんを愛していなかった」と言っている。これは、全能者の立場に立つ代助による、平岡に対する「君には、人を愛する力がない」という判決だ。一方的に、裁判の被告人とされ、有罪を宣告された平岡は、愛も友情も失ってしまい、人間的に崩壊してしまった。それだから、平岡は代助の父に手紙を送るような卑劣な行為をしたのだ。三千代と結婚し、常に自力で生きているという姿勢を崩さない平岡に対する代助の嫉妬が悲劇を生み出したと、『それから』を読むことも可能と思う。嫉妬の恐ろしさを思い知る作品だ。

5 友人をツールとしか思わない人たち

キリスト教圏の三つの愛

日本語の愛とは、どうもしっくりこない言葉だ。古語では、「かなし」という音に愛の漢字をあて「愛（かな）し」と書いた。相手をかわいい、いとおしい、守ってあげたいという気持ちを指す言葉だ。ちなみに琉球語（沖縄方言）では、愛を今でも「かなさ」という。日本語の古語の意味が現在も保全されているのである。

明治以降の近代化の過程で英語の love（ラブ）、ドイツ語の Liebe（リーベ）、ロシア語の любовь（リュボーフィ）などに相当する言葉を愛と翻訳した。キリスト教文化圏の文脈で愛には三つの意味がある。

第一はエロースだ。これは、自分に欠けているものに対する渇望、熱望を指す。男女間の性愛にはエロースが伴う。しかし、性愛だけでなく、芸術や思想に対する情熱もエロースだ。金銭や出世を至上価値とする人もエロースとしての愛を追求しているのである。

第二はアガペーだ。神の愛や慈しみを指す。この言葉は、むしろ慈悲と訳した方がよかったかもしれない。仏教用語での愛には、どうしても人間の執着心のようなニュアンスが含まれてしまうので、キリスト教のアガペーの訳語にはふさわしくないように思える。

第三はフィリアだ。親友間の友情だ。自己充足している人は他者を必要としないので、フィリアとは無縁である。

本書では、自己愛をいかにしてこじらせないかというテーマを扱っている。三つの愛のうち、アガペーに関しては、神の問題なので、とりあえずこのテーマからは外れる。もしかすると神がアガペーという自己愛をこじらせて人間のような面倒な存在を作り出したのかもしれないが、こういう神学的な議論ではなく、現実の生活に直接関係する問題を取りあげ、いかにして負の感情を克服するかについて、具体的な処方箋を提示することが本書の目的だ。それだから神学的なテーマは、とりあえず脇に置いておく。

もっとも、エロースとフィリアも深いところではアガペーとつながっているので、フィリアの文脈で、アガペーについては本稿の結論部で少しだけ言及することにする。

エロースをこじらせた人々については、ストーカーに関する小早川明子氏との対談（第二部）で本質的な問題をかなり明らかにする。今回はフィリアの意味での自己愛をこじらせる問題について取りあげたい。テキストとしては、柚木麻子『ナイルパーチの女子会』（文藝春秋、二〇一五年）を用いる。この作品はフィリアをコントロールできない人間の悲喜劇を見事に描いた傑作だ。

歯車のずれた二人

ナイルパーチとは、スズキ目アカメ科アカメ属の大型淡水魚だ。淡泊な味で、日本にも輸入され、フライや味噌漬けにされることが多い。鮨ネタにされることもある。一九九九年のJAS（日本農林規格）法改正以前は、「スズキ」や「白スズキ」という名称で売られることもあった。〈癖のない淡泊な味わいからは想像もつかないほどの凶暴性を持つ肉食魚だ。なにしろ、アフリカのビクトリア湖に放流したところ、二百種類以上もの固有種の小型シクリッド（カワスズメ科の魚）を絶滅させてしまった。〉（一五頁）

丸の内の総合商社に勤める総合職の志村栄利子（三十歳）の密かな楽しみは、同い年の主婦ブログ「おひょうのダメ奥さん日記」を読むことだ。ブロガーの丸尾翔子は、スーパーの店長の夫と二人で気ままに暮らしているが、両親との関係で複雑なトラウマを抱えている。いくつかの偶然が重なって、栄利子と翔子がカフェで出会う。

当初、二人は互いに好感を抱き友だちになると思ったが、すぐに歯車がずれ始める。翔子は栄利子から距離を置こうとする。しかし、そのような態度を取られれば取られるほど、栄利子は翔子につきまとい、水族館のナイルパーチの前で翔子が若い男とキスしているところを写真に撮る。その写真を材料に栄利子は翔子を脅し、面会や旅行を強要する。しかし、栄利子は翔子に嫌われているとは思っていない。以下のやりとりに二人のずれが端的に表れている。

〈「そうか、共感が大事なんだね」

「みんなそうじゃない？　おかしい？」

「おかしくないよ。でも、なら、なんで私のブログなんて見始めたのかなって。だって、私とあなたは全然違うじゃない」

空のどんぶりを見下ろしながら、思わずそう言ってしまう。栄利子はようやく、すっかり冷め切っている天ぷらに思い出したかのように箸を伸ばし、一口かじった。

「あら、似ているわよ。同じよ。趣味や性格は正反対、でも根本のところで同じよ。だから、友達になれるって思ったのよ。あなたが気付かないだけで、翔子さんと私は似たもの同士よ。ブログを読んでいるうちにそれがよく分かったの。支え合えれば無敵の二人組になれるってずっと思ってたのよ」

「無敵の二人組って……」

鼻白んで、翔子は聞き返す。

「ええと、なに、巨大な悪の組織と闘うつもりなの？」

「闘いたい、と思ってるよ」

蕎麦をすすり、それを飲み込むと大真面目に彼女は言った。

「私はあなたと二人で、おしゃべりをしたり、共通の何かを楽しんだりしてエネルギーを蓄え、大きなものへ向かっていきたいと思っているよ」

「え、なにへ？」

「私達を競争させるものたちかな」

「競争させる……もの？」

意図するところが分からず、翔子は首を傾げる。栄利子は箸に両手を添えて静かに置いた。〉（二四〇～二四一頁）

激しい競争社会がナイルパーチを生む

栄利子の父親は、現在、彼女が勤めている総合商社の子会社の社長だった。経済的には不自由のない環境で世田谷の女子校を出てエリート大学を卒業している。会社でも総合職として食品事業営業部で責任のある仕事を任されている。客観的に見れば栄利子は競争社会の勝利者だ。しかし、そのことに栄利子は満足していない。なぜなら、これまでの人生で親友を一人も持つことができなかったからだ。競争社会とは無縁で、自由に生きているように見える翔子とならば、真の友情を構築することができると栄利子は一方的に考えている。栄利子は、アフリカのタンザニアからナイルパーチの輸入を担当しているが、この魚との類比（アナロジー）で自らが強いられた状況について考えている。

〈「ビクトリア湖だけじゃない。日本各地の水辺だって、外来種の無秩序な放流によって、生態系を乱されているの。そうなると、餌や住処《すみか》や繁殖の時期をめぐって生き物達は競争せざるを得なくなる。いずれかの種が衰退するまでそれは終わらない。その結果、モンスターが生まれるの。外来種はね、人間に競争させられてきたの。争いたくて争っているわけじゃなかったの。哀れむべきはモンスターよ。それとおんなじなのよ。女同士は上手くいくわけないとか、どろどろしているとか、足の引っ張り合いばかりとか、そういう決めつけって、何故か昔からあるじゃない。商社に入社してから男達に散々刷り込まれてきた。女は愚かで協力出来ない生き物だって。私も知らず知らずのうちにそう思うようになって、なんとかしてそういう普通の女とは違う、強くてさっぱりして物事にこだわらない合理主義者になって、男に認めて欲しくて彼らと対等に扱われるように頑張ってきたけど……。今にして思えばどうしてそんなに自分を殺そうとしていたんだろうって思う。そんなの女性同士の密な関係に嫉妬している、男側の決めつけなのよ。もしくは男側に立つ女達の決めつけ。私達が競争して傷つけ合うのを見ることで、何故かほっとして嬉しくなって、自分達のことを肯定出来る人達が居るのは本当よ。結婚しているかいないか、美人かそうじゃないか、子供が居るか居ないか、そういったささいな違いで、女が張り合っていつまで経っても共存出来ないのは、私達がそうなりたいからなってるんじゃなくて、

柚木麻子『ナイルパーチの女子会』

社会に基準を押し付けられて、ことあるごとに競うように仕向けられているからなんだと思う」

ふいに、賢介の顔が思い浮かんだ。そういえば、彼がしきりに口にする「女同士は怖い」という言葉がきっかけで、栄利子の行動が急に恐ろしくなり、遠ざけるようになった。思えばあんなに急激に距離を置いたりしなければ、この女もここまで暴走しなかったのかもしれない。〉（二四一〜二四二頁）

栄利子は自分がモンスターになりつつあることを自覚している。総合商社は男社会だ。その中で総合職として生き残っていくためには、過剰な闘争心と競争心を持たなくてはならない。強い合理主義者になることを強いられるような環境の中で栄利子は人格崩壊の危機を感じているのである。栄利子が自己充足することができる人間ならば、このような危機を感じることはなかった。栄利子は人生のパートナーを求めている。それは性愛を伴う男であってはならない。エロースから独立した純粋な友情（フィリア）が欲しいのだ。

翔子にも栄利子の内的世界が理解できる。ママさんブロガーとして有名になり始めた翔子に編集者の花井里子がブログをまとめて本にしないかとアプローチしてきた。里子は、ママさんブロガーたちを煽り、競わせ、戦わせようとしている。この世界に足を踏み入れれば、栄利子と同じような状態になりかねないことを翔子は察知している。それだから翔子はこんな独白をするのだ。

〈続いて花井里子の言動が蘇る。ママさんブロガー達のドロドロした人間関係をいかにも楽しげに対岸から語っていたあの顔。よく考えてみれば、もともとはただの素人だったブロガー達が値踏みし合い、競い合うようになったのは、花井里子が次々に声を掛けて世に出したからだ。互いを引き合わせた上で、それぞれの美醜や知名度が一目で比べられるようなランキングを雑誌に展開したせいではないか。さらに、一人一人に噂話を吹き込むことで、競争心を煽っているのだろう。アパレルで働いていた頃、フロアの雰囲気がぴりぴりしていたのは、今思えば売り上げのせいばかりではない。エリアマネージャーのあからさまなえこひいきや、スタッフを値踏みして順位をつけるような百貨店側の社員の言動が引き金であった。

栄利子は考え考え、ゆっくりと言葉を続けていく。その表情は聡明といってもいい。

「彼らは女同士に団結されるのが、きっと怖いのよ……たぶん。性や力の介在しない、自分達の手が届かない場所で、信頼し合って満たされて生きる女達が怖いのよ。女達に優しさを向けられなくなるのが怖いのよ。力に頼って物事を進め、憎しみや孤独を抱えながら、レールから外れる勇気もない自分達のやっていることを否定されている気がして」

栄利子の言っていることは抽象的なのに、驚いたことにちゃんと理解出来た。納得もしている。まさに彼女の言うようなしかけられる競争が嫌で、こんな生き方を選んだとも言える。くだらないレースから背を向けるためには、女同士が理解を深め合い、手を取り合わなければならないという理屈も分かる。〉（二四二～二四三頁）

他者の固有性を受け入れられない

女同士が理解を深め合い、手を取り合わなくてはならないということを言い換えるならば、女性間のフィリアを確立しなくてはならないということだ。理屈としてこのことが正しいとはわかる。しかし翔子はどうしても栄利子と友人になりたいとは思わない。なぜなのだろうかと翔子は考察を進める。

〈しかし、頭ではそうと分かっていても、どうしても目の前の手を摑む気にはなれない。実際問題として、翔子は同性と居てくつろいだ記憶がないし、志村栄利子と一緒に居ても楽しくないのだ。男達との方がはるかに居心地が良い。賢介の傍に居るのはなによりも落ち着く。やはり、自分のような何もない人間は、守ってくれる相手でなければ愛せないと思う。完全に対等な関係など築けるわけがない。だいたい闘うなんて、なんでそんなことに巻き込まれなければならないのかという反発もある。翔子が求めていたのは、東京に慣れ親しんだ、自分とは違う価値観を持つ女との、気の張らない穏やかな交流だ。魂の同志ではなく、生活のエッセンスくらいの存在でいいのだ。翔子はそれが男であれなんであれ、何かと闘いたくなどないのに。賢介に会いたいと思った。賢介とこの場所に来ていたら、どれほどくつろぎ楽しめただろう。〉（二四三頁）

翔子と栄利子の魂の深層構造は恐ろしく似ているのである。同性の友人を理屈においては必要とすると考えているのだが、どうやってフィリアを構築すればよいかがわからないのである。人間にはそれぞれ独立した人格がある。まったく同じ性格の人は、世界中を探しても一人もいない。それだからフィリアを構築させるためには、互いの差異を認めなくてはならない。栄利子にも翔子にもそれができない。栄利子の場合は、相手を自分に完全に同一化させようとする。それに対して、翔子は人格と人格が触れ合う場所に自分を置くことから逃げることで、頑なに他者を受け入れようとしない。他者の固有性を受け入れられないという点で、二人は共通しているのである。それだから、磁石のN極とN極のように二人は反発するのだ。

相手を貪ることを愛と勘違いする

なぜこのような事態になってしまったのか。それは、栄利子も翔子も両親の愛を知らずに育ったからだ。キリスト教では、神を父と表象する。しかし、この場合の父はジェンダー的な意味での男性ではない。神には性別はない。神が人間を愛するのが、親が子を愛するのに類比的な愛（アガペー）であることを伝えるために、父なる神という表象を用いるのである。紙幅の関係で栄利子の事例だけを紹介する。

栄利子が、食品事業営業部長を誘惑してラブホテルに強引に入ったときに、部長から厳しくたしなめられる。

〈「君のご両親、お父さんもお母さんもそういうタイプだったから、分かるよ。決して悪い人達じゃない。もちろん嫌いってこともない。お世話になって、感謝もしてる。いつ行っても、おうちが綺麗で、お母さんも若くて綺麗で、美味しいご飯が出てきてね。喧嘩なんか一度もしたことのない夫婦だろ？　でも、一度としてお父さんと腹を割って、お互いに打ち解けて話したことなんてなかった気がするよ。僕だけじゃなくて他の誰ともね。慰めも励ましも賞賛も、どこかで聞いたような、通りいっぺんの言葉でね。用意した台詞を口にしているみたいだった。だんだん君の家に行かなくなったのは、そのせいだよ。仕事で挫折した時、一緒に居たいのは、君のお父さんじゃなかった。君もお父さんに似た性格なんだろうね。恵まれていることに無頓着だから、やたらと人に厳しくて、周りがよく見えないんだろうね」
耳を塞ぎ、息が止まるまで悲鳴を上げたかった。そんなに冷んやりとした目で、家族をジャッジされることだけは耐えられない。家族を悪く言われることだけは許しがたい。栄利子の中で何かがじりじりと焼けていく。同僚全員の前で服を脱ぎ、身体を品定めされるより、はるかに屈辱的だった。
ふいに、深夜の居間で一人携帯電話をじっと見つめている父の姿が浮かんだ。女の子のように小首を傾げ、端末に目を落としていた。やがて途方に暮れたように息を吐くと、老眼鏡を外し、ぼんやりと虚空を見つめた。何故か声を掛けることが憚られた。あれは誰に連絡しようとしていたのだろう。父だってきっと淋しいのだ。分かり合える同性の仲間が欲しいに違いないのだ。父に問題があるというより、きっと周囲に父を理解し歩み寄ってくれるような男が居なかっただけなのだ。〉（一八六〜一八七頁）
栄利子の父親も、友人を持つことができない人だった。きっと父親も友人を欲している。しかし、フィリアの構築法がわからないのだ。フィリアとは、人生や仕事で挫折したときに、腹を割って、打ち解けて話すことができるような関係を指す。自分自身を愛するのと同じように友人を愛していなければ、このような関係は出来ない。フィリアが成立する背後にはアガペーがある。それは、本当に子どもを愛する親の愛の背後にアガペーがあるのと同じだ。アガペーとしての愛が皮膚感覚としてわからない栄利子と翔子は、相手を貪ることを愛と勘違いしている。それ故に他者が独立した名誉と尊厳を持つという人格であるということを理解できないので、フィリアを構築できないのである。

6 もはや嫉妬も自己愛も超越した「コンビニ人間」

「コンビニ人間」の衝撃

筆者は外務省時代、政治家や官僚たちがすさまじい嫉妬に駆られる現場を、何度も目撃した。時としてそれは、政治を混乱させもした。一方、自己愛というものについて強烈に印象づけられたのは、この十数年、作家活動を始めるようになってから、具体的に言えば出版社の編集者たちとお付き合いするようになってからのことである。

編集部というところは、とにかく自分のつくり上げた作品が最高だと思っている人間たちの集まりだった。単行本と違い、企画ごとの「数字」が出ない雑誌の場合は特に顕著で、

「この雑誌は私が担当する連載でもっているのだ」と信じて疑わない編集者のあまりの多さに、この世界に足を踏み入れたばかりの筆者は心底驚いた。この人たちの自己愛は、多くの場合「にもかかわらず、会社は自分を正当に評価しない」という怒りとして表出していた。編集者の判断が正しいかどうかとは無関係に、そうした経験は、筆者に人間の持つ自己愛について再認識させるに十分なものだった。嫉妬と隣り合わせにある自己愛もまた、研究に値することを理解できたのである。

さて、筆者は、「嫉妬が後退し、代わって歪んだ自己愛が増殖しているのではないか」というテーマを設定し、これら二つの感情を深掘りする手段として、いくつかの小説を紹介してきた。ところが、ある意味その主題を飛び抜けた世界を描いた小説が、第一五五回芥川賞を受賞した（二〇一六年七月十九日）。村田沙耶香『コンビニ人間』である。

主人公の古倉恵子は、十八歳の時から一八年間コンビニ店員をしている。彼女は子どもの頃から少し「変わって」いた。例えば幼稚園の時に、公園で死んだ小鳥を見つける。周囲の子がかわいそうだと泣きじゃくる中、その小鳥を掌に乗せ、ベンチで談笑する母親に差し出す。そして、父親が好きな焼き鳥にしようと言って周囲を仰天させるのだ。また小学校の体育の授業では、取っ組み合いの喧嘩を始めた男子の頭を、スコップで殴りつける。「誰か止めて！」という同級生の言葉に従って行動し、実際喧嘩は収まった。なのに、騒ぎを聞きつけて飛んできた教師がなぜ自分のことを怒るのか、彼女には理解できなかった。

とはいえ、親が悲しむのを見るのが本意ではなかった主人公は、家の外では極力口を利かず、誰かの指示に従うのみで自分から動くことをやめてしまう。

だが、そんな主人公の人生は、コンビニのレジに立ち、初めての客に「ありがとう」と感謝され、社員に褒められた瞬間に一変するのである。

〈そのとき、私は、初めて、世界の部品になることができたのだった。私は、今、自分が生まれたと思った。世界の正常な部品としての私が、この日、確かに誕生したのだった。〉（村田沙耶香著『コンビニ人間』文藝春秋、二〇一六年、二〇頁）

そうやって生き場所を見つけ、一八年のキャリアを重ねた主人公の前に、白羽という男が現れる。三十五歳にして新人バイトの彼は、はなからその仕事を馬鹿にしていて、客の女性にストーカーに近い行為を働いたりした末にクビになる。ところが、主人公は、自ら切り出してその男と同棲を始める。家族や友人に、なぜ結婚しないのか、独身なのにどうして他の職に就かずコンビニバイトを続けているのか、不審がられるのに疲れた末の、一種のアリバイ工作だ。

ちなみに、その生活も奇妙というしかなかった。「ネット起業」を夢想する無職の男は、「落ち着けるから」とバスタブに住む。主人公の作る食事はいつも茹でた野菜で、食費も払わない男に、それを「餌」として与えるのだ。

やがて、成り行きでコンビニを辞め、職探しを始めた主人公だったが、面接会場に向かう途中にたまたま混み合ったコンビニに立ち寄ったことで、「本能」が目覚めてしまう。

〈そのとき、私にコンビニの「声」が流れ込んできた。

コンビニの中の音の全てが、意味を持って震えていた。その振動が、私の細胞へ直接語りかけ、音楽のように響いているのだった。

この店に今何が必要か、頭で考えるよりも先に、本能が全て理解していた。〉（一四五頁）

そこで描かれるのは、文字通りコンビニと一体化した人間の姿である。その「異常さ」が妙なリアリティを伴って迫ってくる作品なのだが、一読して筆者が戦慄に近いものを覚えたのは、主人公恵子が、嫉妬からもそして自己愛からも、完全に解放されていることだった。

五年前なら受け入れられなかった

例えば表面上の利害の一致から主人公と同棲を始め、「起業するまで」自分を養わせるために主人公に就活を勧める白羽は、柚木麻子の小説『伊藤くんA to E』（幻冬舎）の主人公に似る。伊藤くんは大地主の子どもで、脚本家になると豪語しながら、バイトに明け暮れ、実のところまだ一本も書いていない。内心、書いてもモノにならないと分かっているから、最初から書かないのだ。チャレンジして失敗し、傷つくことを最も恐れているのである。

一方、三十五歳の自分がコンビニでバイトする理由を「婚活」と称する白羽は、こんなことを言う。

〈「この店ってほんと底辺のやつらばっかですよね、コンビニなんてどこでもそうですけど、旦那の収入だけじゃやっていけない主婦に、大した将来設計もないフリーター、大学生も、家庭教師みたいな割のいいバイトができない底辺大学生ばっかりだし、あとは出稼ぎの外人、ほんと、底辺ばっかりだ」〉（『コンビニ人間』六四頁）

村田沙耶香『コンビニ人間』

彼らに共通するのは、肥大化し歪んだ自己愛だ。もちろん、自分たちはそんなことに気づいてはいない。しかし、恵子からは、そういう類の自己愛さえ、きれいさっぱり消えてしまっているのだ。この突き抜け感は、今までのこの手の小説になかったものと言っていい。

悪態をつく白羽を見ながら、彼女はこんなことを考える。

〈コンビニで働いていると、そこで働いているということを見下されることが、よくある。興味深いので私は見下している人の顔を見るのが、わりと好きだった。あ、人間だという感じがするのだ。〉（六三頁）

歪んでいようが何だろうが、多少でも自己愛を持つならば、二〇年近く働き、もはや自らと一体化しているような職場を悪しざまに言われて、ここまで冷静な観察眼を持つのは無理だろう。

繰り返しになるが、小説は時代や人間を知る教科書である。『コンビニ人間』にも、「今」が色濃く投影されている。注目すべきは、ぎょっとするような子ども時代のエピソードも、男がバスタブに暮らすという状況設定も、そして自己愛が完全消滅した世界も、コンビニという日常風景を語るストーリーに、無理なく、破綻なく収まっていることだ。

これらは、著者のイマジネーションのみで紡ぎ出せるものではあるまい。それが「荒唐無稽な」と切って捨てられないのは、世間がそこにリアリズムを読み取っている、何よりの証拠である。

しかし、仮に五年前に著者がこの原稿を出版社に持ち込んだら、本になっただろうか？筆者の率直な答えはノーである。まして日本を代表する文学賞を取るなど、ありえなかっただろう。「あまりに現実離れしたストーリーだ」と評されるのが、関の山だったはずだ。

正確に言えば、『コンビニ人間』に賞を与えながら、社会はいぜんその評価に戸惑っているように思う。筆者が知る限り、この作品の方法論などに関して、本格的な書評は出ていない。そういう意味では、自己愛消滅のリアリズムをギリギリのところで認めたのが、今回の芥川賞ではなかったかと感じるのである。

だが、ということは、世間が何となく感じるその「小説のリアリティ」が、これから実際に社会を覆っていくことになるのかもしれない。『コンビニ人間』の登場は、筆者が当初設定した「嫉妬は弱まり、さまざまな自己愛が増大する社会」というテーマ自体の脱構築を促しているのだろうか。

政界からも企業からも消えゆく嫉妬

いずれにしても、嫉妬と自己愛という負の感情をめぐる状況が、私たちが想像する以上のスピードで「変遷」し「複雑化」しているのは間違いないようだ。当然のことながら、それはコンビニの中だけで起こっているわけではない。

筆者が知る範囲で、嫉妬の感情が最も激しく行き交うのは、冒頭でも述べたように政治の世界である。男の嫉妬の激しさは、女のそれの比ではないと言われるが、その見方を実感する現場に幾度も遭遇した。だが、国会議員たるもの、他人の足を引っ張ってでも閣僚を、あわよくばトップを目指すのだというのは彼らの本能であり、嫉妬はそのエネルギーでもあった。ところが、そうしたギラついたものが、永田町から徐々に消滅しつつある。それどころか、前出「伊藤くん」よろしく、そもそも土俵に上がろうとしない政治家が目立って増えている。

自民党の地方議員にとって、選挙区支部長というのは、国会議員への登竜門。その候補者となった証だ。従来ならば、有力な県会議員などは、今か今かと声がかかるのを待ち望むポストである。にもかかわらず、今は「支部長をやらないか」と言われても断るケースが珍しくない。

彼らの発想はこうだ。

五十代くらいから国会に出ていって、苦労して三回当選しても、昔と違って閣僚になれる保証などどこにもない。そもそも政治の風によって、政権与党にいられるかどうか自体が分からない。そんな「不安定な」場所に行くよりも、県議の職を全うして議長になるか、どこかの都市の首長に就くほうがよほどいい——。

有力な地方議員にとって、「一日でもいいから、国会議員になってみたい」というのは、政治家としての重要なモチベーションだったはず。そうした地方政治家のある種のモデルも崩壊しつつあるということだ。そこに強烈な嫉妬の生まれる余地などないのは、明らかだろう。

同様の現象は、企業社会でも起こっていて、例えば管理職になりたがらない人たちが目に見えて増えている。これも「先が見えにくい」のが大きな要因だ。「成果主義」に煽られて奮闘努力して、ようやく執行役員に出世した。ところがある日、突然のM&Aで自分の会社が外資に買われてしまう。大リストラで、地位も報酬も一日にしてパー。そんなことが日常的に起こるのを横目で見ていれば、上昇志向の虚しさに駆られるのも無理のないことだ。

買収されなくても、安泰ではない。例えば近年、大企業の一般職はアウトソーシングが当たり前になっている。だが、それを束ねるのは正社員だ。総合職で採用されながら、三十代でそうした庶務班長的な任に就く人が増えている。やることは、実質的に一般職の仕事である。そんな人事も、社内で様々な軋轢を生むだろうことは想像に難くない。

企業社会の変容の中、意識はますます自己保身=自己愛に向かう。そこでも、かつて出世競争につきものだった嫉妬というエネルギー自体、「使うだけ無駄」な世界が現出しているのである。

嫉妬と自己愛の複雑化が進む

二〇一六年秋に扶桑社新書から出た、留学コンサルタント栄陽子の『留学で夢もお金も失う日本人~大金を投じて留学に失敗しないために~』という本を興味深く読んだ。かつてアメリカの大学に行く日本人留学生の失敗といえば、入学してから遊び呆けたり、学力不足だったりで、結局卒業できなかったというものがほとんどだったのだが、今や事情が大きく変わっている。授業料が高騰して、難関大学に合格してもそれが支払えずに、入学自体を断念せざるをえないケースが増加しているのだという。年二一〇〇ドル近辺だったコミュニティカレッジの授業料が、今や九〇〇〇ドル、ハーバードになると三万ドルから七万五〇〇〇ドルに、日本円で七六〇万円と聞けば、頷くしかない。

なぜそんなことになったのかといえば、リーマンショック以降、大学の債券運用がうまくいかなくなったのに加えて、OB、OGからの寄付も激減したためだ。従来と同じ教育水準を保とうと思ったら、授業料を値上げするしかないというわけだ。

大変なのは、むろん留学生だけではない。深刻な影響を被っているのは、当のアメリカ人たちだ。例えば投資銀行に勤める世帯年収四〇〇〇万円くらいの二十～三十代の夫婦が子づくりを断念する。そんなケースが増えているのだという。理由は、ハーバードクラスの大学に入れるだけの授業料が準備できないからである。そうした教育を受けられなかったら、子どもは社会の底辺に行くしかない。そんな不幸な目に遭わせるくらいなら産まないほうがい い、という理屈だ。アメリカの急速に悪化する教育事情もさることながら、とどまるところを知らず加速する格差、さらにはそれに対する恐れをリアルに示す事例といえるだろう。

当然のことながら、我々にとってそれは対岸の火事で済ませられる話ではない。グローバリゼーションのプロセスに従って、格差は、さきほど触れた企業や社会生活そのものに、今後より深く影を落とすことになるはずだ。

健全な競争原理が機能せず、格差のみが際限なく拡大していくような環境に置かれれば、「嫉妬や自己愛の複雑化」が進むのも当然である。少し突き放した言い方をすれば、「複雑化」は、この二十数年かけていよいよ新自由主義が浸透してきたことと無縁ではありえないのだ。それがもたらしたのは、一人ひとりがバラバラにされる社会環境だ。ある段階までは競争のエネルギーになった嫉妬は、「もう何をやっても追いつくことはできない」と人々が悟るや否や急速に減退し、保身のための自己愛が膨張した。今や時代は、その自己愛も見出しにくいところに差し掛かっている、ということではないか。

「ナイルパーチ」か「コンビニ」か

再び小説の世界に戻って、「これから」を考えてみたい。

先ほどは柚木麻子『ナイルパーチの女子会』を取り上げ、キリスト教文化圏におけるフィリア＝親友間の友情について考察した。

偶然出会ったキャリアウーマンの志村栄利子と主婦ブロガー丸尾翔子は、初めはお互いに好感を抱くものの、すぐに関係にずれが生じ、やがて栄利子が翔子につきまとうような行為にも及ぶ。結局お互いに腹を割って話せるような相手を欲しながら、そうした関係を築くことは叶わない。問題は、二人ともひたすら相手を貪ることを愛と勘違いし、故に相手が独立した名誉と尊厳を持つ人格であるということを理解できないところにあった。

そこにあるのは、自己愛をこじらせた姿そのものだ。「健全な自己愛」は、他者を愛することなしには得られないものだからである。

ざらざらした心の内側があからさまに迫ってくる小説なのだが、ある意味で「怖い」のは、この作品が二〇一六年五月、「第三回高校生直木賞」（主催／高校生直木賞実行委員会、後援／文藝春秋）に選ばれたことである。「高校生直木賞」は、直近一年間の直木賞候補作の中から、高校生が「今年の一作」を選ぶという試みだ。

数ある候補作の中から高校生がこれを推したという事実は、彼や彼女たちが、「ここに描かれているのは、自分たちが大人になった時に現実となる世界だ」とみていることを物語る。ますます自己愛がコントロールしづらくなる近未来を、「普通のこと」として受け止めているのである。

一方、今回紹介した芥川賞作品『コンビニ人間』で描かれたのは、繰り返しになるが、そういう自己愛も超克した存在だ。負の感情のセンサーシステムがまったく働かない姿というのは、生きづらい世の中を生き抜くには一つの完成形と言えなくもない。しかし、作中の主人公同様、やはり他者との切り結びには、それなりの困難を覚悟する必要があるだろう。

こうして、世の中で評価された小説を並べてみると、格差社会の進展の中で、今目の前に見えるのは、「『ナイルパーチ型』と『コンビニ型』のどちらを選びますか？」の世界だという気もしてくる。前者のように、様々な形で自己愛を歪ませつつもどうにか生き延びるのか、それとも負の感情から完全に解放されることを目指すのか。

新自由主義の浸透、格差拡大という大枠の流れが変わらない以上、その二つの選択肢から逃れるのには、相当な努力が必要になるのは確かだろう。まずはそのことを認識することが重要ではないか。

嫉妬も自己愛も揺れ動く。自己愛のなかった人間に突然それが芽生えたり、逆の現象が起きたりというのは、珍しいことではない。もしかしたら、それは生物としての生き残り本能のなせる業かもしれない。今まで述べてきたような負の感情をめぐる状況が、現実社会を反映した本能的なものだとすると、人々はそこまで追い詰められているということなのだろう。だが、人間には本能と同時に理性、知性がある。そのことも、決して忘れてはならない。

第二部

嫉妬と自己愛をめぐる対話

対談1

斎藤 環 ●精神科医

SNSの「いいね!」が、歪んだ自己愛を培養する

さいとうたまき
一九六一年岩手県生まれ。筑波大学医学研究科博士課程修了。医学博士。爽風会佐々木病院・診察部長などを経て、筑波大学教授。専門は思春期・青年期の精神病理学、「ひきこもり」問題の治療・支援と啓蒙活動など。著書に『ひきこもり文化論』『「負けた」教の信者たち』など。

自己愛は軽蔑すべきものか

佐藤 最近、日本社会の中にかつてはあった成功者などに対する嫉妬心が希薄になる半面、ある種の自己愛が増殖しているのではないか——。そんな問題意識を私は持っているの

ですが、まずは精神科医の立場で何をもって自己愛とするのか、その暫定的な定義からうかがえますか。

斎藤　定義はあってなきがごときもの、というのが正確かもしれません。自己愛の考察はフロイトに端を発するわけですが、ざっくり言うと、人間は生まれてすぐの自分の世界しかない「自体愛」から、次に社会性を得た後の「自己愛」の段階に成熟するんですね。

佐藤　自我だけでなく他我も前提とする「間主観性」を帯びる。

斎藤　そうです。他の人間も自己愛を持った存在である、という認識が芽生えてくるわけです。精神分析学においては、ここまではほぼ定説と言っていいと思うのですが、ここから先は考え方がいろいろ分かれてくるんですよ。とりわけフロイトから（ジャック・）ラカンの流れと、ハインツ・コフートの学説では全く違う。

ラカンは自己愛を徹底的に「軽蔑」しました。世界の認識を想像界、象徴界、現実界と分けたのですが、自己愛は想像界に属するもので、つまりは幻想にすぎないのだ、と主張して喝采を浴びたのです。他方コフートは真逆で、人間は自己愛がないと生きてはいけないのだ、と唱えました。私自身は治療者の立場から、そちらを「支持」しているんですよ。

他人の自己愛の部分を捕まえて批評するのはある意味簡単なんですが、治療となると話は別。経験を踏まえて言わせてもらえば、治療は「自己愛の修復」なのです。

佐藤　ラカンは自己愛を否定した後に、何が残るといったのですか？

斎藤　これも説明が難しいのですけれど、人間の本質である象徴的構造が残るのだ、と。逆に言うと、「自己愛というような仮象にはまりすぎたら真理を見失いますよ」という戒めを込めているんですね。ただ、人間が一〇〇年くらい生きるのだったら、その理論で治療できるかもしれないけれど、人間はもっと短命なので、実際には、想像的なところを治していくという短期決戦型しかない、というのが私の考え方なのです。

コフートの自己愛を補足しておくと、それは当初、野心と理想という二極構造になっています。

佐藤　目的論的構成になっている。

斎藤　そうですね。野心がエンジン、理想がゴールだと言い切っていますから。非常に素朴なつくりで、そこがまた、ラカン派などから馬鹿にされる理由でもあるのですが（笑）。

ただ、この二極構造は非常に不安定なもので、そこに他者との出会いによっていろんなものが付加されていく。他者の能力をどんどん消化・吸収して内在化し、その結果自己愛を複雑化させていく、と言うんですね。その複雑化が進めば進むほど、構造は安定するのだ、というのが大雑把な見取り図になっているのです。

ちなみに、吸収するのはもっぱらゴールに到達するためのスキルです。そうやって社会的な自己愛を形成していきましょうというのが、コフートの主張です。

引きこもりが自殺しないわけ

佐藤　人間にとって健全な自己愛が欠くべからざるものであるのは、間違いないでしょう。ところが、最近感じるのは、それが歪んだ形で幅を利かせてはいないか、ということなんです。

斎藤　典型の一つが引きこもりですね。彼らは他者との関係が決定的に欠けているので、自己愛がどんどんいびつな方向に向かっていくのです。

佐藤　今のコフート理論につながるわけですね。他者からゴールに向かうスキルを全く吸収できないから、エンジンを吹かしようもない。その場合、「いびつになっていく」というのは自己愛を壊す方向なのですか、それとも肥大化させてしまうのでしょうか?

斎藤　これは私の仮説ですが、自己愛には「プライド」と「自信」という全く別の二つの要素があるのです。精神分析用語でいうところの「自我理想」と「理想自我」です。前者は見栄とかこだわりを含む世界。向上心にもつながるけれど、高い理想のイメージにこだわりすぎると、それにほど遠い自分に嫌気がさして、「どうせ俺なんて」という方向にもいく。他方、後者は理想や根拠とは無関係に「今の自分はイケてる」的な感覚です。自己肯定は大切ですが、ゆきすぎれば「自己中」になります。この自信が極端に貧弱になっているのが引きこもり者の特徴なんですよ。半面、プライドだけはどんどん肥大化していく。

佐藤　そういう人間は簡単に「壊されて」しまいそうですね。「君はなんでこれができないの？」と、ことさらミスをあげつらったりすれば。

斎藤　あっという間に壊れてしまいます。彼らは本当に脆いですから。

佐藤　自殺も多いのですか？

斎藤　いえ、ほとんど自殺はしない。正確に言うと、「死にたい」と口にする人間はけっこういるんですね。その「自殺予告率」の高さの割に、実際に死ぬ人は極めて少ない。これは従来の自殺学からすると、ちょっと考えにくい現象なんですけれども。「自殺をほのめかしたら、要注意」というのは自殺学の常識なんですよ。ところが、彼

らはその常識に当てはまらない。これだけ引きこもりが増えたことで、そのことが明らかになったわけです。

　では、彼らはなぜ自殺しないのか？　これも私の仮説ですけど、今回のテーマに関わることだと思うのであえて申し上げておけば、自己愛の強い人間は自殺はしない、できないんですよ。

佐藤　たとえそれが、いびつな自己愛であっても。

斎藤　プライド肥大を招いているかもしれないけれど、自己愛は決定的に破綻したわけではない。そういう意味では、ギリギリ健康だとも言えます。多くの引きこもり者は、「健康だけどいびつな自己愛」を抱えて生きているのだと私は考えています。

SNSで自己愛が温存される

佐藤　決して引きこもりなどではなく会社や学校に通うことができる人でも、自己愛を歪ませている人はいますよね。

斎藤　いっぱいいます。そういう人たちが、ネット上で特定の有名人に対するバッシングをやって、いわゆる「炎上事件」を演出したりする。

佐藤　そういう行動に走る人の自己愛は、どういうところで歪むのでしょう?

斎藤　キーワードは「非リア」です。要するに、友達が少ない、彼女がいない、彼氏がいない……。

佐藤　私は神学を一生懸命やったせいか、その近代の「リアル」というのが、どうも今一つピンとこないところがあって。

斎藤　そこはごくごく単純にお考えいただいて（笑）、ここで問題になるのは、彼女がいるか、カフェでダべる友達がたくさんいるのか、という程度のリアル。それがいれば、とりあえず「リア充（リアル充実）」ということになるのです。

一方、非リアの人たちは、引きこもり同様、他者との接点が脆弱ですから、メンタリティも似通ってくる。自信はないけれどプライドは高いので、「ぼっちキャラ」だと思われたくないがために、大学のトイレの個室で昼食をとったりするわけです。

佐藤　そういう若者が増えている。

斎藤　そうですね。雑駁な言い方ですが、三割はそんな「不幸」な状態に置かれていて、かつ「幸福」な人間たちとの間にグラデーションが見られない。二極化し、両者の乖離《かいり》は広がっている印象です。

今の若者を眺めていてもう一つ感じるのは、ツイッター、フェイスブックといったSNS（ソーシャル・ネットワーキング・サービス）が普及して以降の、彼らの変化です。現代日本の若者たちの心を支配しているのは、とにかく他者から認められたい、という「承認欲求」なんですよ。さっきの「便所飯」のように、孤立したくない、それを認めたくないわけです。

佐藤　ところが、孤立を自認せざるを得ないリアルがある。

斎藤　本当はそこで、悩み苦しみながら他者との関係を模索していくとか、あるいは自己愛が徹底的に壊れてしまうとかいうことが起こってもいいはずなのですが、SNSがその状況を「緩和」する装置になっているのです。

SNSって承認を数量化する仕組みでもありますよね。「いいね！」ボタンが典型ですけど、ネガティブな評価もポジティブに変えてしまう。「こいつアホだからフォローしてやろうぜ」といった悪意のフォロワーも、「自分を認めてくれた」と誤解できる構図があるわけです。そんなこんなで、SNSの世界に浸かっていると、リアルでは他者と関係を築けていなくても、「自分には取り巻きがこれだけいる」「十分承認されているのだ」とだんだん感覚が麻痺してくる。結果的に、歪んだ自己愛はそのまま温存されることになります。

佐藤　なるほど。SNSの出現が、そういう人たちの自己愛を「救って」いるわけですね。そのSNSによる承認は、例えばビットコインとドルのように、リアルな承認と「交換」可能なのですか？

斎藤　いや、非対称で交換の対象にはなりません。

佐藤　リアルとは断絶している。

斎藤　これはうちの研究生の調査なのですが、実は「リア充」組のほうがLINEを活用している、というデータがあります。彼らは、単純に恋人や仲間と連絡を取り合うためにSNSを使うんですよ。それに対して、対戦型オンラインゲームにはまったり、「いいね！」の数に一喜一憂したりしている人たちが相手にしているのは、もっぱらバーチャル空間ですから。おっしゃるように明確な断絶があります。

付言すれば、ネット上ではリアルのほうが上という価値観が、ずっと継続されているんですよ。「リア充」という言葉が死語にならないのは、その証でしょう。

「嫉妬」が減退し、「羨望」がはびこる

佐藤　冒頭で私は、嫉妬と自己愛の関係性に関する自らの問題意識に触れました。この点について、先生のお考えを聞かせてください。

斎藤　精神分析の世界では、「嫉妬」をストレートに語るというより、「羨望」の感情を取り上げることが多いんですよ。「羨望は嫉妬とは違う」という文脈です。

では、この両者はどう違うのかというと、どちらも対象は自分より上なんだけれども、羨望の相手のほうが低いというか、近いわけです。だから、自分のところまで貶める対象になる。他方、それよりずっと上にいる人間に対して「自分もああなりたい」と抱く

感情が嫉妬。どちらも自己愛由来のものです。

佐藤　単純化すれば、羨望は好ましくない感情、嫉妬はある意味必要な感情だということですね。

斎藤　そうです。で、その羨望の感情が引き起こす「事件」の典型が、さきほども述べたネットの炎上なんですよ。記憶に新しいところでは、バイオリニストでタレントの高嶋ちさ子さんが、約束を守らなかった息子のゲーム機を壊したという話を新聞のコラムで書いたら、ネット上で批判が渦巻く事態になりました。それは少し過激な振る舞いだったかもしれませんけど、寄ってたかって「虐待だ」などと集中砲火を浴びせるほどの出来事とは、到底思えない。

佐藤　自分よりいい暮らしをしていて、常々「おもしろくない」と感じていた人間が、目の前で「ミス」を犯してくれた。だからここを徹底的に叩いて引きずり下ろそう、と。

斎藤　まさに羨望のメカニズムが作動したわけです。

佐藤　一方の嫉妬のほうですが、会社でも役所でも政界などにおいても、最近はあまり感じられない気がするんですよ。誰かが成功すると、それに激しい嫉妬の焔を燃やして、「次こそは俺が」「私もあそこまで行きたい」というのが、普通の情景だったはずなのですが、今は何があっても「ああそう」という感じなんですね。ですから、「嫉妬」というテーマを投げても、特に今の三十五歳以下の年代にはぜんぜん響きません。ところが、「自己愛」に話を向けると、身を乗り出してくるようなところがある。この響き方の違いに、すごく関心があるのです。

斎藤　よく分かります。やはり、自分よりはるかに高い人を目標にして、そこまで行きたい、という願望をあまり抱かなくなっているのでしょうね。代わりに、歪んだ自己愛、羨望の方向にシフトしているのかもしれません。

佐藤　そうだとしたら、その原因は何でしょう?

斎藤　身も蓋もない話になりますが、社会の成長に対する諦め感が大きく影響していることは否定できないでしょう。実は、それは自らの成長に対する諦めとパラレルなんですね。若い人と話していると、「自分には伸びしろがない」と思い込んでいる人間の多さに驚かされます。ちなみに、これは「リア充」「非リアル」問わずの話です。

佐藤　私が教えている大学の学生たちも、「中の下」には絶対に落ちたくはないけれど、上に行けないことも分かっている、という感じです。

斎藤　彼らは「努力は才能」と、よく言うんですよ。おいおい、君はイチローじゃないだろ

う と（笑）。

佐藤　はなから努力は無理、無駄だと思っているんですね。

斎藤　さきほど「承認欲求」の話をしましたが、これはもともと「マズローの欲求段階説」の用語です。彼は、人間の欲求について、生活維持のために必要な生理的欲求→安全の欲求→所属と愛の欲求→承認欲求→自己実現の欲求というふうに、低次から高次に順番に満たされることを求めるのだ、と説いたのです。

ところが、今の若者たちは、そもそも自己実現したいと思わない。「自己実現に足る社会がどこにあるの？」という意識でいるわけです。そんなことより、「仲間」に認められていることのほうが、よほど大切なのです。

佐藤　自己実現を喪失し、承認欲求、しかもバーチャルなそれが肥大化していく。そのステージで、いびつな自己愛が温存され増殖しているわけですね。

自己愛はマネジメント可能か

佐藤　現状については、先生のお話でよく理解できました。その先に来るのは、はたして自己愛はマネジメント、修復できるのか、という問いですが、その点はいかがですか？

斎藤　これは正攻法でお答えするしかありません。他者との接点の欠落が自己愛を歪ませている原因である以上、修復のためには、「よき他者との出会いの機会をできるだけたくさん作りましょう」ということになる。

佐藤　その場合の出会いは、お話しになってきたようなリアルな存在である必要がありますか？　例えば、書物の中で過去の偉人と出会って追体験していくというのでは、不十分なのでしょうか？

斎藤　あ、それはありです。最初にお話ししたコフートは、無生物でも自己対象、すなわち消化・吸収の対象となる他者になりうると言ってるんですよ。いい意味で人生に衝撃を与えるような書物は、リアルな人間と同程度の価値があるのだ、と。

佐藤　私は、チェコの神学者、ヨセフ・ルクル・フロマートカの『なぜ私は生きているか』という本に出会わなかったら、外交官にはなっていなかったと思います。例えば、そんな出会いがありました。だから、個人的にはすでに死んでいる人のほうが、よりリアルな感覚なんですよ。

斎藤　なるほど。

コフートはまた、「一番人間を成長させるのは適度な欲求不満だ」とも言っています。

そこが自覚できればいいのですが、SNSの承認で満足しているうちは、難しいかもしれない。どこかで挫折することも本当はいいチャンスなのですが、ダメージが大きすぎると立ち直れなくなってしまうので。まあ、事ほど左様にマネジメントは簡単ではありません。

佐藤　やはり鍵になるのは、他者との関係性なんですね。その点で面白いのは、キリストの言葉です。彼は「汝の隣人を愛せ」とは言っていない。「汝自身を愛するように汝の隣人を愛せ」と語っているわけです。要するに、「自己愛が管理できなければ、他者など愛することはできない」という言説なんですよ。

斎藤　他者愛よりも、一次的に自己愛が重要だというのは、精神分析学においても前提に近い。それは、「自分を大事にしようと思ったら、他者を大切にしろ」というお話にもつながっていくわけです。今ネット上で起こっていることは、まさにそのカリカチュアみたいなことで、さっきも言ったように、他人を罵倒してばかりいる人間は、だいたい自己愛が脆いか歪んでいると考えられるわけです。

佐藤　自己愛は潰したり抑制したりする対象ではなく、肯定的に捉えた上でよりよくマネジメントしていく必要があるのだという点が、あらためて整理できました。

斎藤　我々としては地道な治療を続けていくしかありません。羨望から嫉妬へ、人々のマインドが再び転換する時代の来ることを望みたいですね。

対談2

小早川明子

●NPO法人「ヒューマニティ」理事長

SNSが生み出す幻覚がストーカーを激増させる

こばやかわあきこ
一九五九年愛知県生まれ。ストーカー問題をはじめDVなど、あらゆるハラスメント相談に対処するNPO法人「ヒューマニティ」理事長。一九九九年に活動を始めて以来、五〇〇人以上のストーキング加害者と向き合い、カウンセリングなどを行う。

男女間だけに限らない

佐藤　小早川さんが書かれた『「ストーカー」は何を考えているか』（新潮新書）に深く感銘を受け、ぜひともお会いしたいと思っていました。今日はまさに彼、彼女の内面、自己愛について語り合ってみたいと思うんですよ。

私がストーカーという存在を初めて知ったのは、『惑星ソラリス』などで有名なアンドレイ・タルコフスキーの『スタルケル』という作品を通じてでした。一九七九年のソ連映画で、当時「ストーカー」という用語は日本ではまだ一般的ではなくて、ロシア語の読みをそのまま邦題にしたのです。

小早川　そうなんですか。知らなかったです、その映画。

佐　藤　被害相談のNPOを立ち上げたきっかけは、何だったんですか？

小早川　私自身、「スタルケル」の被害者になったんですよ。まだストーカー規制法もなく、「家に放火する、と脅されています」と警察に訴えたら、「火をつけられてから来てください」と言われて（笑）。そんな苦しみが五年ほど続いたんですけど、一番望んだのは私の代わりに相手に会ってくれる人の存在でした。盾がほしかったのです。しかし現実にはそういう人がいなくて。だったら自分が盾になろう、と。

佐　藤　その加害者は男性？

小早川　そうですけど、恋愛のもつれとかではなく、仕事に関するいざこざが発端でした。当時起業して、従業員を一〇人ほど抱えるまでになっていたのですが、彼らにも迷惑をかけてしまいました。

佐藤　ストーカー行為がいかに深刻な事態を引き起こすかの実例ですね。今、年に何人くらいの相談に乗っているのですか？

小早川　だいたい三〇人から五〇人くらいでしょうか。まずホームページにアクセスのあった相談に答え、それでも解決が難しい場合には相談者に会って、アドバイスします。そのうち半分くらいは、加害者をどうにかしないと埒が明かない。そこで加害者に連絡を取って、行為をやめるようお話しするわけです。

佐藤　加害者にカウンセリングするんですよね。

小早川　彼らは、自分を加害者だとは認識していません。むしろ、いわれなく拒絶された被害者だと思い込んでいるわけですよ。例えば、喉がカラカラの人間に「ケーキを食べろ」と言っても、いうことは聞かないでしょう。世間一般のストーカーへの対処はこれで、だから余計に傷口を広げたりもする。私は、いったん水を飲ませるのです。「あなたの痛みは分かる」と受け入れるんですね。そのうえで、言い分を一つひとつ検討し、誤解や思い込み、甘えた考え方を排除してゆきます。

佐藤　加害者は、小早川さんを拒まないのですか？

小早川　たいてい喜んで会いますよ。今まで被害者とは連絡が取れない、反応がもらえない状況だったわけですから、曲がりなりにもその道筋が開けたんじゃないかと思うんですね。

佐　藤　その可能性はゼロなのに。

小早川　そう、直接的にはゼロです。間接的には加害者の認識を正すために被害者の気持ちを伝えますので、「相手はあなたのことが嫌いだそうです」と言うと、血相を変えていきり立つ。

佐　藤　怖くはないですか？

小早川　ストーカーの関心は、あくまでも被害者に対してのものなんです。「他人のストーカー」は怖くありません。

ただ、私、加害者と話をするようになって、一つ気づいたことがありました。実は自分もかつてストーカーだったと。加害者は「心の傷を癒やしてほしい」とか「戻ってくれなければ死ぬしかない」とかよく口にするのですが、どこかで聞いたな、と。学生時代、失恋した相手に同じことを口走りながらつきまとっていたのをリアルに思い出して、ちょっとクラクラしましたね。当時は加害者意識は全くなかった。

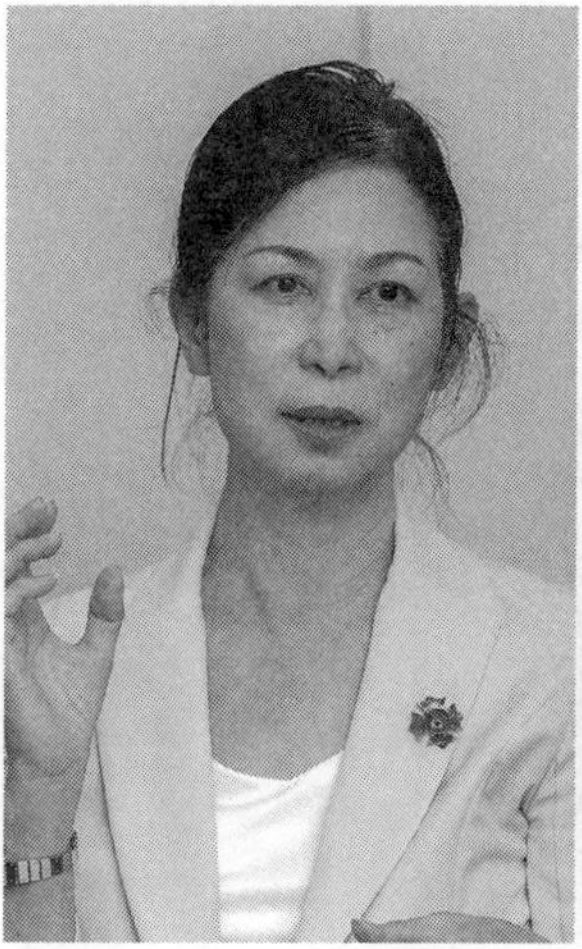
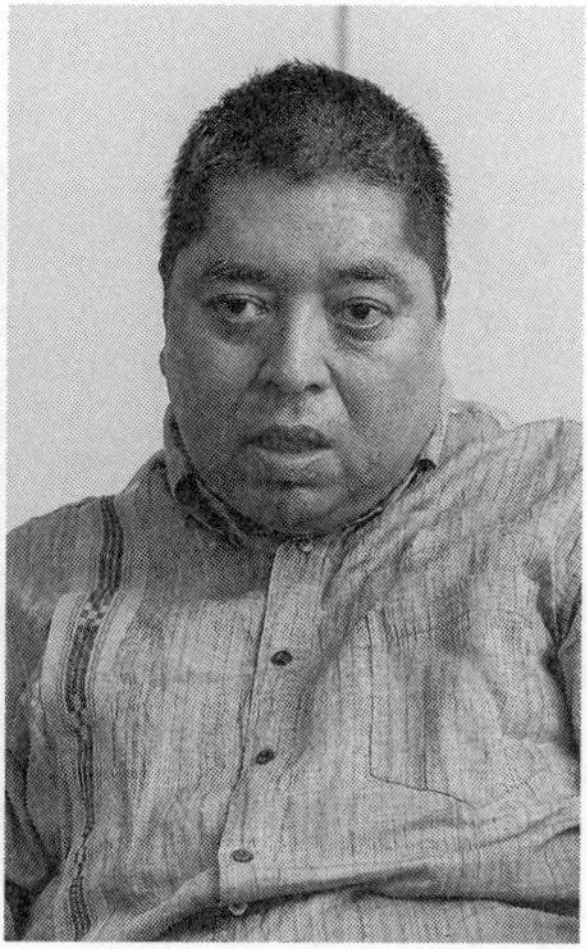

佐藤　考えてみると、どこまでが「正当な抗議」で、どこまでいくとストーカー行為なのかというのも、そんなに単純な話ではないように思えます。

小早川　やはり「もう連絡しないで」と言っているのに、無許可接近したらストーカーだと私は認識しています。正当な主張だというならば、堂々と出るところに出るとかすればいいのだから。

佐藤　ただ、加害者の側は、「連絡するな」は被害者の表層で、真意は別なんだ、と。

小早川　彼らには、「法より大事なものがある」とか「自分は特別だ」といった信念がありますから。一般的な正論で止めようとしても止まりません。それを乗り越えて行っちゃうんですね。当時の私もそうでした。

加害と被害は紙一重

佐藤　小早川さんご自身もそうですが、あの本を読んで、ストーカーは、被害者が加害者に、あるいはその逆にけっこうなりやすいのかな、という感想を持ったんですよ。

小早川　親子というケースもあります。子どもの頃ずっと虐待を受けていた人間が、思春期暴力で親を監視、支配する快感を覚えてしまい、それが四十、五十歳になっても続いているという例もあります。

佐藤　ストーカー的な振る舞いの原因は男女間の恋愛だけとは限らない、というのもポイントですね。

小早川　ストーキングというのは、言ってみれば相手に対する過剰な関心が噴き出す行為なんですよ。関心が湧くきっかけは、おっしゃるように恋愛だけではありません。
大学の男の友人同士が就活で同じ会社の面接を受けに行き、片方だけ合格した。すると、落ちた方が相手に対して、二年間「会社を辞めろ」とストーカー行為を重ねた例がありました。「面接で嘘をついて、自分だけ就職した」というのが言い分です。

佐　藤　今年（二〇一六年）、高校生直木賞を受賞した柚木麻子さんの『ナイルパーチの女子会』という小説は、女性同士のストーキングを描いたものです。バリバリのキャリアウーマンの楽しみは、同い年の主婦の書くブログを読むことだったんですね。自分とは違う、のほほんとした人生を綴る文章に癒やされていたわけです。で、そのうち住んでいるところが近いことに気づく。

小早川　それで会っちゃった。

佐　藤　そうです。最初のうちは仲良くやっていたのですが、ある時ブログの更新が遅れたのをきっかけに、恐るべきストーカーになっていく、というのが大まかなストーリー。

ちなみに「ナイルパーチ」というのは、体長二メートルくらいになる淡水魚で、ふつうはおとなしいんです。ところが、生存競争の激しいビクトリア湖に放したとたんに凶暴になって、二〇〇以上の固有種を食い尽くしてしまった。このキャリアウーマンの場合も、競争、競争のストレスがストーカー行為の背景になったというわけです。

小早川　その作家さんも初めて知りましたけど、かなりストーカーの本質をついていると感じます。ストレスが強い人は、ストーカーになりやすいし、一度収まっても、ストレスがかかると再発することがよくあるのです。だから、ストーカーをやった人が就職する場合には、なるべく穏やかな職場環境を選ぶようにアドバイスするんですよ。

佐　藤　一般的に、ストレスが高い職場では、ストーカーが発生しやすいということでしょうか？

小早川　そう言っていいと思います。性犯罪なんかも起きやすい。

佐　藤　外務省みたいだ（笑）。

小早川　あとは孤独ですね。心から話せる人がいないというタイプの人は、ストーカーになりやすいです。

自己愛の欠落は危険因子

佐　藤　そういう人たちは、自分をどう評価しているのでしょう？　一見、自己愛が強いようにも思えますが。

小早川　いや、少なくとも自分に自信は持っていません。

佐　藤　実はそこも大きなテーマで、キリストは「隣人を自分のように愛しなさい」（「マタイによる福音書」二二章三九節）と説くわけですね。そこにあるのは、隣人愛の前に自己愛なんですよ。自己愛が確立して初めて隣人が愛せるのだ、と。逆に言えば、自己が愛せなかったら、他者に対しても無茶苦茶なことをする。

小早川　まさにその通りで、「神様が私を愛してくれているように、私も自分を愛せますように」と毎日祈っていたストーカーがいました。それほどストーカーは自分を愛することが苦手です。自分を「好きになれ」と言っても、自信がないからなれない。いい仕事がない、学歴がない、友達がいない……。そんな自分はやっぱり嫌いなのです。さりとて、劣等感に溺れるのは嫌だから、ふだんは自分の心に蓋をして、抑圧しているわけです。だから、先ほどの本の「穏やかに暮らす主婦」のように、自己愛を持っているであろう人に出会うと、自分に欠けているところを補いたいという渇望みたいなものが……。

佐藤　その相手が自分の思いのままでいてくれれば問題はないのだけど、何かの拍子で関係にひびが入ると、そこから堰を切ったように、おぞましい行為に走るわけですね。

小早川　他人を愛せる人というのは、「彼女のために自分は去ろう」と思える人間でしょう。ストーカーには、その発想はありません。「あの人は、僕のために存在しなくちゃいけないんだ」と思っていますから。

佐藤　ギリシャ語で「愛」には三種類あって、まず自分に欠けているものを求める「エロース」。セックスのように、欠けているものが満たされるまで終わらない。「アガペー」は何の見返りも求めない無償の愛です。実はその中間に「フィリア」があって、難しい概念なんですけど、「友情」とか「友愛」と訳されています。この感覚が大事なのにもかかわらず、実際にはなかなか持ちにくい。

小早川　摂食障害みたいなものですね。過食か拒食か。両極端の真ん中で、境界線を越えないような関係を保つ「フィリア」は、ストーカーには縁遠い境地です。

「試合に出ない」若者たち

小早川　これはストーカーばかりではないと思うんですけど、彼らは「自分は絶対に変わらない」と決めているんですね。

佐藤　相手が変われ、と。

小早川　私たちが若い頃は、本を読むなりなんなりして、「変わりたい」と考えたじゃないですか。今の若者には、そういう考え方は希薄。

佐藤　自分が世界を呑み込むか、世界に呑み込まれるか。

小早川　敵か味方か、支配か被支配か、みたいな。

佐　藤　人生が丁半博打のごとくなっているわけですね。でも、呑み込まれるのはやっぱり嫌だ。そこで出てくるのが「試合に出ない」という選択で、「俺、まだ実力出してないんで」「私、そんな低レベルのところ行かないから」という感じになってくる（笑）。

小早川　そうですね。それなら、とりあえず自我は守れますから。

佐　藤　悪い意味で最強です（笑）。さっきの柚木さんには『伊藤くんA to E』という小説もあって、こちらにも小早川さんの本で類型化できるような病的な人がたくさん出てくるんですよ。この伊藤くんというのが、千葉の大地主の子どもで、脚本家になると言いながら、バイト生活に明け暮れていて一本も書いてない、という人物です。

小早川　まともに書けないことが分かっているから、最初から書かないんですね。

佐　藤　その伊藤くんが、「テレビも映画も小説も『傷つくことを恐れるな』と言い続けているけど、それは強者主導のルールですよ。傷ついても平気な顔で生きていけるのは、恥をかいても起き上がれるのは、ごく限られた特殊な人種だけなんですよ」「誰からも下に見られたり、莫迦にされたり、笑われたりしたくないんです。傷つける側に立つことがあっても、その逆は絶対に嫌なんです」なんて言う。

小早川　やっぱりその作家の方は分かってますね。私は加害者から「小早川さんは強者だからそんなことが言える」ってよく言われてますよ。

ただ、土俵に上がろうとしない彼らにも承認欲求はあって、そのせいか、ストーカーの加害者はけっこう外見がよかったり、話術に長《た》けていたりする。ごく普通の平凡な感じの人には、あまり会ったことがありませんね。

佐藤　加害者に対しては、具体的にどんなふうに話を持っていくのでしょう?

小早川　まさに「試合に出てこさせる」までが大変で、頑なに「俺は正しい」と言っている動機の皮を、一枚ずつ剝いでいくのです。「本当にそうなの?」と五〇〇回、六〇〇回やりとりして、相手には自分と関わる義務も必然性もないことが分かってくる。ところが、それでもなお相手と離れられない自分がいる、となったときに、初めて問題は己の内面にあったんだと気づくわけですよ。本格的なセラピーは、そこからスタートです。

佐藤　まあ、一言で言えば、さっきの「劣等感の蓋」を取り除く作業です。

自分の弱さを受け入れろ、ということですよね。そこまで相手に入り込むと、共依存が起きたりしませんか?

小早川　相手がそれっぽくなることはあります。私のことを「母親みたいだ」と言う人もいましたね。

佐藤　たまらないなあ（笑）。

小早川　ただ、それも立ち直りのプロセスなので。最後はしっかり「卒業」してもらいます。

つき合ってもいないのに接近欲求を募らせる

佐藤　ストーカーって、どんどん増えていませんか？

小早川　ええ。私の感覚では、足し算ではなく掛け算的に増えている。

佐藤　最近目立つのは？

小早川　昔あまりなかったという意味で言えば、一つは高齢者のストーカー。リタイアした後にやることがないので、恋愛に走ったりするわけですよ。ところが、若い頃にちゃんとした恋愛体験がないものだから、マナーを知らない。それでこじれて、というケースが多発しているのです。

佐藤　さっきも話に出た、親子間のストーキングなんていうのも、昔はあまりなかったんじゃないでしょうか。

小早川　親子間の問題だと、警察に行っても家事相談のほうに回されてしまうのですが、深刻な例はこれまた枚挙にいとまがありません。子どもが両親に毎朝、国旗掲揚を義務づけている、なんていう例もありましたよ。隣近所は何事かと思いますよね。要するに辱めです。こうなると、もう動機も何も飛んじゃって、ただ親が自分にひれ伏しているのが快感で仕方がない。

佐　藤　そこにあるのは、支配欲。

小早川　支配欲とか性欲とか、ストーキングの無意識の動機は本能的な欲求の過作動ではないかと。

佐　藤　動物的な欲望と深く関係しているわけですね。

小早川　だから、社会環境がよくなったからといってストーキングが絶滅するかというと、そんなことはないと思うんですよ。

佐　藤　逆にストーキングを助長する社会はありますよね。

小早川　まさに現代がそうでしょう。

佐　藤　競争社会で……。

小早川　ストレスフル。ストレスは生物を死に向かわせるものなので、生きようとする欲動が強まるのです。ちょっとしたことでエンジンがかかる。エンジンが空回りするように、性急に、安直に幸せになろうとする。そんな「伊藤くん」みたいな発想でいると、だんだん他人もモノに見えてくるわけです。

佐藤　ネットの影響はどう見ていますか？

小早川　冒頭でご紹介いただいた本が出版されたのは二〇一四年ですけど、あれを書いている頃は、まだ実際のつき合い、具体的な関係性がベースになったストーキングが圧倒的だったんですね。ところが、SNSが爆発的に普及して以降、つき合ってもいないのに接近欲求を募らせるケースが、目に見えて増加しています。アイドルのサイトを見に行ったのがきっかけで、ストーカー化した末に事件を起こす、なんていうのは典型です。

佐藤　さっきの主婦ブログなども、気をつけないといけない。

小早川　そうですね。ネットがきっかけのストーキングがどのように起きるかというと、ふつうのやり取りをしているうちに、加害者の側が一対一で会いたいという欲求を募らせて、その旨をほのめかす。ここで被害者がきっぱり拒絶してくれればまだいいのだけれど、往々にして曖昧な対応をするわけです。

佐藤　今まで仲良くしていたし、と。

小早川　そうすると、加害者は「あ、断られなかった」と認識するのですよ。そこから贈り物を送ったり、個人のメールアドレスを欲しがったり、という行動が始まっていく。全く面識がないにもかかわらず、もうつき合っているかのように、脳が把握してしまうわけ。

佐　藤　ネット特有の怖さですね。

小早川　例えば、満たされぬ欲求などをノートに書く「ノート療法」という心理療法があります。書くだけ書いて安心して忘れる。でも、同じことを自分のフェイスブックでやったらどうなるか。「相手が読むかもしれない」と脳が把握するので、「出力」になるんですね。書き込むと同時にドーパミンがバッと出て、接近欲求が暴走してしまうのです。こういう形でネットに触発されたストーカーって、これからどんどん出てくると思いますよ。

被害者にも加害者にもならないために

佐　藤　不幸にしてストーカーの標的になってしまったら、どうすべきでしょうか？

小早川　行為に気づいたら、きっぱりと別れる決断をする。そのうえで、しっかりした作戦を立てる必要があります。まずお金や物の貸し借りを清算する。逃げ場所を用意しておくことも不可欠です。

佐　藤　シェルターですね。

小早川　同時に、ストーカー行為が起きそうな現場の人には、事実を伝え相談をすること。家庭はもちろん、職場や学校などでも、可能な限りサポートの体制を築くのが理想です。当然のことながら、ストーキングが執拗に繰り返されるような場合には、速やかに警察に行くこと。

佐　藤　それでも事件になってしまうのが、悩ましいところではあります。

小早川　ですから、お話ししてきたように、加害者を変えない限り根本的な解決にはならないわけですね。

　さらにそもそも論を言えば、「加害者を作らないこと」が大事なんですよ。ストーカーって、最初のコミュニケーションを間違ったために生まれることが多いのです。

佐　藤　「ストーカーを作らないコミュニケーション」とは？

小早川　拒絶の意志は、率直に伝える。煮え切らない態度でうやむやにしようとしたり、嘘をついたりしてはいけません。

佐　藤　あえてうかがえば、自らにこんな兆候があったら、ストーカーになっているかもしれないと疑え、というのはありますか？

小早川　そうですね、例えばある人に好意的なメールを送りました。でも三日たっても返信がなかったら諦めましょう……なんですが、そこで諦められずに、またメールを送りたくなる。これはもう「入口」に立っていると認識した方がいいでしょう。

佐　藤　三日どころか、一五分も待てない人が山ほどいるのでは。LINEはPCメールとかと文化が全く違って、すぐに返さないと無礼者の世界ですからね。だから僕は使わないんですが。

小早川　一五分待てなかったら、相手の反応に対する禁断症状が出てますよ。

佐　藤　少しでもストーカー被害をなくすために、小早川さんからの提言をお願いします。

小早川　本当は、保健所にストーキングする側の相談やカウンセリング、治療への導入などに取り組んでもらいたいですね。法整備も不十分だと感じます。誤解を恐れずに言えば、私は被害者にも、もう少しだけ頑張ってもらいたいんですよ。例えば、DVの被害者は連携します。だから関連の法律は何度も改正を重ねてきました。ところがストーカー被害者は、事が収まると「忘れたい」「関係ない」となってしまう。連携を取ろうとしないので、法律を変えるような力にならないのです。

気持ちは痛いほど分かるし、だからこそ今の活動をやっているのだけれど、もう一歩、理不尽な状況を自ら変える存在になってほしい。提言というより、ささやかな希望です。

対談3

井口奈己 ●映画監督

井口映画が示す自己愛なき空洞人間の末路

いぐちなみ
一九六七年東京都生まれ。初監督した自主映画『犬猫』でPFFアワード二〇〇一の企画賞を受賞。二〇〇四年『犬猫』のリメイクで商業映画デビューし、二〇〇八年『人のセックスを笑うな』、二〇一四年『ニシノユキヒコの恋と冒険』を監督。

嫉妬の物語と、自己愛なき「空洞人間」の世界と

佐藤　井口さんが監督をなさった『人のセックスを笑うな』（原作＝山崎ナオコーラ）は、まさに嫉妬の物語です。

井口　そうですね。十九歳の美大生である主人公のみるめに、同じ大学のえんちゃんは密かに心を寄せている。ところがみるめは、二十歳も年上の非常勤講師ユリと男女の仲に。えんちゃんは激しく嫉妬するのだけれど、ついついそんなみるめを「応援」するようなこともしてしまうんですね。

佐藤　あの映画で展開されているのは、秀逸な悪魔論だと私は評価しているんですよ。

井口　悪魔ですか？

佐藤　イエス・キリストは「口に入るものは人を汚さず、口から出ていくものが人を汚す」と言っているんですね。つまり「悪は言葉から生まれるのだ」と。例えば、ユリが実は人妻だったことを知って、みるめはショックを受ける。結婚していながら、みるめと男女の関係になった理由について、ユリは「だって触ってみたかったんだもん」とあっけらかんとして言うわけです。そんな、言葉による「悪の連鎖」が、あれだけうまく、面白く表現されている「教材」は、そうはありません。

井口　そうですか。知らないでやってました。

佐藤　で、不倫関係に悩みながら深みにはまっていくみるめの前から、ユリは忽然と姿を消す。引きこもりみたいになった彼を、えんちゃんは「ユリ先生を見かけた」と嘘をついて連れ出すんですね。

井口　そして、夫ともどもインドに渡ったという事実を知る。

佐藤　えんちゃんは、焼き鳥屋でへベレケになったみるめをラブホに連れ込むのだけれども、思いは遂げられず大暴れ。だから嫉妬に狂ったえんちゃんも相当壊れているわけです。でも彼女は結局みるめを見限る。

立つ瀬のないのはみるめで、ズタボロになったところに、インドにいるユリと電話が通じ、「いつ帰国するか分からない」と告げられる。最後、「会えなければ終わるなんて、そんなもんじゃないだろう」というみるめの一言でジ・エンド。要するに、彼はその思いを一生引っ張るということです。ユリの誘惑に乗ったばかりに、散々な人生が約束されてしまいました。

井口　そういうことになります（笑）。

佐藤　それとある意味対照的なのが、井口監督の映画『ニシノユキヒコの恋と冒険』（原作＝川上弘美）の主人公ニシノで、ルックスもよく仕事もできる、当然女性には事欠かない〝もて男〟の代表のような人物です。でもナルシシストとかバリバリのビジネスマンとかでは全くない。真空というか空洞というか、恐らく自己愛も持てない人間だと私は分析します。

井口　原作を初めて読んだ時、ちょっと捉えどころのない人物に映ったんですよ。捉えどころのない人間をそのままでは描けないので、どこか「分かる人」にする必要がありました。それでつくりあげたのが、おっしゃるような空洞な人間なのです。イメージとしては、自分に欲望があるのではなく、単に誰かの欲望の的になっているだけの男。とはいえ、やさぐれているわけではなくて、毎日楽しく暮らしているんですね。

佐藤　関係した女性のパートナーが現れても動じないから、彼にはどうやら嫉妬心もない。そういうまっさらな人間を描くこと自体、容易なことではないと思うのですよ。

井口　そうですね。ニシノ自身にエモーションがないというか、そう見えるので、他者との切り結びも含めてすごく難しかったのは事実です。

佐藤　面白いと思ったのは、ニシノと関係を持つ女たちにももちろん嫉妬はあるんだろうけれど、『人のセックスを……』のえんちゃんのそれとは明らかに違って見えるところです。例えば職場の上司のマナミと元カノのカノコがニシノの部屋で鉢合わせして激しいバトルになるシーン。殴られるのは、相手の女ではなくニシノなんですね。

井口　女同士は反目し合わない。戦いが終わったら、肩を組んで出ていくくらいの感じにしたかったのです。

佐藤　えんちゃんとユリが手をつなぐところは想像できないわけです。ところがニシノの女たちはつなぎそうですよね。この違いはどこからくるのでしょう?

井口　やっぱりニシノが人間離れしているからですよね。女性たちにとっては、彼は高くて登りきれない山なんですよ。だからそこにチャレンジする同志みたいな感じになるのではないでしょうか。

佐藤　私は山梨側から、私は静岡ルートで富士山に、という女性が何人もいるのだけれど、みんな頂上まで行かずに自分から下りてしまう。ニシノは結局、みんなから振られるわけですが、要するにその原因は自己愛なき空洞人間である彼自身にあった、というわけですね。

ガンジーに学んだニシノの「怖さ」

井口　「嫉妬と自己愛」って同じフィールドにあるものだとは思えないような気もするんですよ。

佐藤　たぶんズレている。けれども、ある時代の生き方を特徴づける感情としてそれらがあり、時に連関し合っているのは確かだと思うのです。

井口　佐藤さんは、自己愛をどう定義されているのですか?

佐藤　基本的には、生物の自己保存本能ではないでしょうか。動物は危機が迫ったら、われ先にと逃げて生き残りを図る。その本能の一端が、人間の場合には自己愛としてインプットされるのではないかと思うのです。ただしそれが歪んだり度を越したりすれば、周囲と様々なトラブルを引き起こすことになるんですね。人妻のユリに溺れてストーカー的にさえなったみるめは、「正しい自己愛」を持てなかったのかもしれません。

井口　ストーカーは、自己愛が壊れた一つの典型なんですね。

佐藤　そう思います。ところがニシノは、そうした自己愛さえ欠落した空洞人間に見える。その空洞は、すなわちブラックホールなんですね。そこにいろんな女性を引き寄せるのです。ところが曲がりなりにも自己愛を持つ彼女たちからすると、だんだん「この人はいったい何なの？」という感じになってくるのでしょう。だから一緒に住んだりセックスしたりはできるんだけど、結婚や、まして子どもを作ったりというところには踏み込めないわけです。

井口　頂上まで行って火口を覗き込むのは、怖い。

佐藤　そう、「ちょっと怖い」っていう感覚じゃないかと。井口さんならニシノと住みたいですか？

井口　いえ、やっぱり遠慮したいです（笑）。

佐藤　そういう「人を吸い寄せるけれども怖い人」であるニシノのモデルが、マハトマ・ガンジーだったそうですね。

井口　ガンジーが全てというわけではないんですけど、ニシノのキャラづくりに悩んでいた頃に、伝記なんかを読んだんですよ。ガンジーって、歳とってからも若い女の子たちを裸にして一緒に寝てたりしてた人なんですね。でも国民の絶大な人気の下で、理想の世界実現のため、まさに命がけで活動した。

それで、もしかしたらニシノはそんなガンジーに通じるものがあるんじゃないか、とふと思ったのです。人の欲望の対象にはなるけれど自分には欲がない。女性たちにちやほやされて楽しそうに見えながら、実は空しいところを背負ってくれているのではないか、と。

佐藤 一方で、何度も言うように怖さもあるわけですよ。ガンジーの説いたのは「非暴力」であって、無抵抗ではありません。彼のおかげで何十万人死んだか分からない。今に続くインドとパキスタンの対立も、ガンジーが火元と言えなくもないですからね。

井口 インドの独立に貢献しながら、ガンジーは憲法制定の場には呼ばれませんでした。その主張通りにしたら、今度は国が分裂してしまうと思われたから。

佐藤 「ヒンズーとイスラームの融合」を訴えていたけれど、それがヒンズー原理主義者を刺激しました。

井口 でも自らの理想を捨てずに、ハンガーストライキをやったりするわけですよ。で、案の定暗殺されてしまう。その結末が十分予想されるのにやらざるをえない、というようなあの感じは何なのか？　そう考えていった時、身近な恋愛という話でそれをやる人間として、ニシノが割とすっきり認識できたのです。

佐藤　最初私は、井口監督はニシノもユリと同様の悪魔として描こうとしているのか、という感想を持ちました。彼は空洞であることによって、周囲の磁場を狂わせていくわけだから。しかし何度か観るうちに、ニシノは怖いけれども悪魔とは違う、と解釈を変えたんですよ。今のお話を聞いて、その見立てが正しかったのだと、あらためて確信することができました。

井口　そういうふうに観ていただけると、つくり手としても面白いと感じます。

二つの映画の「時差」が映し出すもの

佐藤　『人のセックスを笑うな』の公開が二〇〇八年、『ニシノユキヒコ……』は一四年ですよね。私はこの六年ほどのインターバルが、実は重要な意味を持っていると思うのです。

井口　どういうことですか？

佐藤　当初私が設定したのは、「時代を動かすエンジンの役割も果たしていた嫉妬心が世の中から薄れ、代わって歪んだ自己愛が蔓延しているのではないか」という仮説でした。ところがいろんな方と対談し、新しく発表された文学作品を見るにつけ、社会はその自己愛さえも喪失しつつあるのかもしれないと考えるようになったんですよ。今年（二〇一六年）芥川賞を取った『コンビニ人間』（村田沙耶香）の主人公なんて、嫉妬心はまるでなく、自己愛も見事に抜け落ちていますから。

井口　なるほど。嫉妬の塊のえんちゃんと、嫉妬も自己愛も感じさせないニシノが、そういう時代の変遷みたいなものを象徴している、と。

佐藤　それも急速な変化を映しているのではないでしょうか。

井口　私自身は、いつも今までやったことがないものをつくりたいという気持ちで取り組んでいるので、あんまり時代を意識したりすることはないんですけど……。例えば嫉妬って、はまると仕事も手につかないような状態になりますよね。それに取りつかれて、しかしやがてそこから解放されるというところに、ドラマを感じるのです。

佐藤　ところが、そもそも取りつかれることのない人が増えていると思うんですよ。会社の同期が先に出世しても「あ、そう」という感じになっている。

井口　なぜそんなことになったのでしょうか？

佐藤　一生懸命出世競争をしても、突然外資にM&Aされてリストラに遭えば、元の木阿弥。例えばそんなふうに、依って立つ組織の基盤が脆弱化したこともあって、会社や学校やあるいは国家も含めて、帰属意識が希薄化したのだと思うんですよ。みんな「彼は彼、私は私」とバラバラになってしまった。

井口　確かに、その状態から嫉妬の感情は生まれにくいかもしれません。

佐藤　恋愛の現場も例外ではないと感じるんですよ。この前、講座を持っている大学の学生たちと食事に行って驚いたのですが、その場にいた女子学生全員が、「相手を選ぶなら見合いがいい」と言うのです。

井口　え、現代の女性がですか？

佐藤　そうです。いい男を選ぶ自信がないのに加えて、よくよく聞くと、相手について、親に反対されるストレスには耐えられない、というのが理由でした。要するに生まれてこのかた、親と本質的なところでぶつかったことがないんですね。

井口　親のいいなりに彼氏を選ぶのだったら、恋人を奪われて嫉妬に狂うこともないでしょうね。

佐藤　同時にこれは、自己愛の問題でもあります。自己愛というのは、実は他者との関係がポイントなのです。ひたすら自分だけを愛するのはただのナルシシズムで、他人を正しく理解し愛することなしに、健全な自己愛を育むことはできません。ところで、親って大事な他者ですよね。彼女たちは「理想の男性は父親、結婚したら母親のようになりたい」なんていうことを言うんですよ。はたしてこれが、健康な「親への愛」でしょうか？

井口　私の世代は子どもがいれば二十歳くらいですけれど、確かに知人の家を見ていると、仲のいい親子がほとんどですね。私自身が二十歳の頃って、あんなじゃなかった。私は、子どもは親を否定するのが仕事みたいなところがあると思っているのですが。

佐藤　今の若者には、その反抗期がないのです。あれで正しい自己愛、自我が涵養されるとは思えない。彼女たちと話をしていて、少し背筋が寒くなるのを感じましたね。

ニシノユキヒコは天皇の存在に通じる

井口　『ニシノユキヒコ……』のほうが特にそうなんですけど、私の作品を観て「すごくいい」と褒めてくれる人がいる半面、「スクリーンを切り裂いてやりたい」というくらい激怒する方がいるんですよ。「面白くない」というのなら分かるのですけど、あれほど憤るのは何なのかな、とも思うのです。

佐藤　プラスにしろマイナスにしろ、それだけ人の魂を揺さぶったというのは、素直に評価すべきだと思います。逆鱗の隣には琴線があるわけで、そこに限りなく近づいたということでしょう。

井口　琴線ですか。

佐藤　真空なニシノは、井口さんがガンジーから連想したように聖人然と見えるわけですね。大いなる空虚に、分け隔てなくひたすら他者を包み込んでしまう。そこに描かれているのは、実は天皇制のシステムそのものではないかというのが、私の感想なんですよ。

井口　そう言われて思い出しましたけど、昭和天皇のこともちょっと調べたんです。

佐藤　ああ。そうだったんですか。

井口　絶大なものを背負っているにもかかわらず、自らに決定権のない存在というのが、すごく不思議で。忘れていたくらいですから、映画づくりの現場でことさら意識したわけではないのですけど、佐藤さんがそう感じられたのはそのせいかもしれませんね。

佐藤　そういう「実態的には空虚な存在であるけれども、それがあるからこそ連帯できる」っていうメンタリティが、我々日本人の中には眠っているのだと思うんですよ。その部分、あえて言えばタブーに上手に触ったのがあの作品なのではないでしょうか。タブーに触れたからこそ、本気で憤る人も現れたのです。本人たちもまた、そんなことは意識していないでしょうけれど。

井口　なんか、怖い映画ですね（笑）。

佐藤　とっても怖い映画です。それを、想像で補わせる部分も含めて映像化することに、見事に成功している。ですから今回のテーマにふさわしいと思って、井口さんとお話しすることを希望しました。

撮り終わって、ニシノユキヒコに対する評価は変わりましたか？

井口　さあ、どうでしょう。幸せかそうでないかといえば、やっぱり後者かなとは思うんですけど。

佐藤　でも国に限らずどんな組織でも、継続的に維持するためには、ニシノ的な存在が必要になるんだと感じるんですよ。残念ながら、他者の欲望の対象になるだけの本人は、おっしゃるように幸せではないかもしれませんが。

井口　確かに「俺が、俺が」みたいな人だと、かえって周囲は不安になりますよね。今日は佐藤さんのお話をうかがって、気づかされることばかりでした。

佐藤　これからも、観る人間の感情を揺さぶる映画を撮り続けてください。次回作にも大いに期待しています。

第三部
人生を失敗しないための「嫉妬と自己愛」講座

1 組織の中の嫉妬と自己愛について

編集者の「生態」がきっかけ

私が人間の「嫉妬と自己愛」に関心を抱き、それを掘り下げて本まで書こうと思い立つ直接のきっかけを与えてくれたのは、第一部でも述べたように出版社の編集者たちです。「今度は自己愛を本にしませんか？」とサジェスチョンしてくれたのではありません。作家という職業柄、否も応もなく彼らと付き合う中で、「これはいったい何なんだ？」という彼ら自身の「生態」にしばしば遭遇し、そのテーマが分析に値するものであることを悟ったのです。

十数年前、出版社の編集部に出入りするようになって驚いたのは、そこが「とにかく自分のつくり上げた作品こそ最高だ」と思い込んでいる人たちばかりの集まりだったことです。会う人間、会う人間、「あれは自分だからこそできた」と同じようなことを言う。彼らが「そういう私を、会社は正当に評価していない」と本気で憤るところに、その自己愛の強烈さが滲み出ていました。

そこは、私がそれ以前に身を置いた官界や、やはりその仕事の上で関係を持たざるをえなかった政治家の世界とは、明らかに違う場所に感じられました。かつて永田町や霞が関に横溢していたのは、むしろ嫉妬の感情です。時として人事や仕事が原因で「同僚」や「部下」に対する嫉妬に狂い、そのことが歴史を変えるような一大事に発展することさえありました。

もちろん、嫉妬と自己愛は表裏一体の感情でもあります。あらためて整理しておきましょう。

「嫉妬」は、「①人の愛情が他に向けられるのを憎むこと。また、その気持ち。特に、男女間の感情についていう。やきもち。悋気（りんき）。②すぐれた者に対して抱くねたみの気持ち。ねたみ。そねみ」（大辞林第三版）というふうに、ネガティブな感情として捉えられるのが一般的です。私が以前の政界や会社組織などを眺めつつ抱いていた問題意識は、嫉妬が原因で起こる問題をいかにして抑えるかが組織強化の鍵だ、というものでした。

ただし、同時に嫉妬が時として組織を活性化させるエネルギーにもなるものであることも、私は現場での数々の経験から認識していました。嫉妬が人の足を引っ張るのではなく、その人の向上心を呼び覚ます方向に働くこともあるからです。いずれにせよ、組織としては、「嫉妬のマネジメント」にもっと関心を持つべきだ、とずっと考えていたのです。

一方、「自己愛」は、辞書的には「ナルシシズム」＝「①自分の容姿に陶酔し、自分自身を性愛の対象としようとする傾向。ギリシャ神話のナルキッソスにちなむ精神分析用語。②うぬぼれ。自己陶酔」（同）と同義に捉えられることが多いようです。しかし、本書では、例えばイエス・キリストが「隣人を自分のように愛しなさい」と述べる時の「自己愛」、あえて言えば「健全な自己愛」を出発点に考察を加えていきます。

その物差しに照らせば、冒頭の編集者たちが支配されていたのは、「不健全な自己愛」「肥大した自己愛」「歪んだ自己愛」にほかなりません。ただし、それは単なる「うぬぼれ」や「自己陶酔」とも異なる負の感情であることに、注意が必要です。もっと複雑で、ある意味得体のしれないものであることを、徐々に掘り下げていきたいと思います。

変容する「自己愛」

ところで、一口に「自己愛の肥大化」「歪み」と言っても、それ自体が時代環境によって変容をきたすものであることに、私は最近、正確に言うとここ二～三年で気づきました。ざっくり言って三十五歳くらいを境にして、編集者の「質」が明らかに違うのです。「肥大化した自己愛」に満ち満ちた古い世代の編集者たちには、自らのつくり上げた本や雑誌の企画に対するプライド、誇りが感じられました。そういうものが、強烈な「自己愛のアピール」の後ろに透けて見えたわけです。

ところが、若い世代には、それがほとんど見当たらない。そもそも、学生時代から本を読まない、あえて言えば「活字があまり好きではない」編集者が増殖していることには、驚愕せざるをえません。

そのことは、彼らと話をすればすぐに分かります。私が「誰それが最近出した本を読んだ」と言えば、かつての担当編集者ならば、自分が読んでいなくても必死で話を合わせておいて、慌てて本屋に走ったものです。ところが、最近は「へー、どんなストーリーなんですか?」などと平気で聞いてくるのです。そこには、プライドの「プ」の字も感じられません。

そんな彼らに話を聞いてみると、就活では新聞社やテレビ局のみならず、広告代理店やはては金融、総合商社なんていうのも受けていたりする。要するに、編集がやりたくて編集者になったのではなく、「自分がビッグに見える業界」に入りたかった、ということなのでしょう。なるほど、大手出版社が「歪んだ自己愛」を満たすのにうってつけのブランドであることは、間違いなさそうです。

それでは、彼らは出版社に入っていったい何をやっているのか？　まずはマーケティングです。もともと頭が悪い人たちではありませんから、売れ筋はどんなところかというのを探る。損益分岐点を確実に超える企画を考えるわけです。そのためには、きちんと納期を守る著者に頼むのも大事なポイントになります。

その結果たどり着くのが例えば「ヘイト本」の類《たぐい》です。ヘイトに「納期」はありません。今著者の頭の中にある「素材」を——それが真実であるか、知性的であるのかなどは別にして——集めてきて、「頭のいい」編集者が組み立てれば一丁上がり。世の中にこれだけ「ヘイト本」や「日本礼賛本」が溢れている背景には、そういう本づくりがあるというのが、私の見立てです。

そうした本は、彼らの読み通りに、出せばそこそこ当たる。それを会社は評価する。すると、また同じような毛色の企画に走る……。こんなスパイラルが、今日本の出版界で起こっているわけです。

そういう編集者が、私のように「難しい」著者を担当すると大変です。しんどい思いをしたあげく、途中まで一緒にやってきたにもかかわらず、「私やっぱりできません」と宣言して去っていく人間も、複数いました。これも、以前は考えられなかった現象です。本当に、編集者の矜持はどこに消えてしまったのでしょう？

非常に不思議なのは、さりとて彼や彼女が、決して「悪い人」ではなく、会えば明るく挨拶したりすることです。そんな信じがたいギャップを目の当たりにする中で、私はますます「自己愛とは何なのか？」という問題を強く意識せざるをえなくなったわけです。

彼らから「自己愛」自体が消えたわけではありません。これも話をしていて分かったのは、彼らが「上司や同僚から軽く見られたくない」という感情を非常に強く持っているということです。かつての「俺のつくった本が一番」というのに代わって、若い世代の心を占めている「自己愛」とはこういうものです。必ずしも「上」に行けなくてもいいけれど、「中の下」では嫌なのです。ちゃんと売上数字を上げようとするのは、そういう自己愛を壊さないようにするためでしょう。

彼らからはもう一つ、逆にナルシシズム的な部分が非常に強くなっていることを感じます。きちんと挨拶できるだけではなくて、例外なく身だしなみがしっかりしている。すれ違うと、男でもコロンの匂いがしたりするわけです。きっと、鏡を見るのも好きなのだと思います。

そこそこ要領はいいけれど、「俺が、俺が」というところも、向上心も希薄。関心があるのはもっぱら「自分」で、だから仕事で他人を嫉妬したりすることはない。でも、会社では「中の中」以上にいなければダメ——。

考えてみれば、そんな彼らはちょうど我々くらいの世代、すなわち若い頃に「新人類」と呼ばれていたような人たちの子どもです。高度経済成長もバブルも知らず、知りたくもない。彼らの嫉妬と自己愛が、上の世代と異なる「歪み方」をしているのは、そんな時代背景が影響しているのでしょう。

もちろん、こうした現象は出版社に籍を置く人間たちに限ったことであるはずがありません。そして、その変容が現在進行形であることも、指摘しておきたいと思います。

怖い「男の嫉妬」

「女は嫉妬深い」と言われます。確かに「女へん」で表現されるだけあって、三角関係のもつれから、好きだったはずの男を刺してしまったなどという話は、古今東西、枚挙にいとまがありません。

しかし、「男の嫉妬」も相当に怖い。往々にして仕事上の「権力」や「ポスト」と絡んだ話になるのが、その特徴です。「あの人はもてる」とか「勉強ができる」とかいうレベルと違い、現実的で生々しい現場が舞台になるわけです。今後、政府が音頭を取る通りに女性管理職が急激に増えるような状況になれば、それはもはや男だけの問題ではなくなるかもしれませんが、とにかく今まで私が体験した男の嫉妬は、執拗で陰湿で、とても「男らしくない」ものでした。

私が、そのとばっちりを受けた例をお話ししましょう。

二〇〇一年、北方領土をめぐるロシアとの交渉が、「歯舞、色丹二島先行返還」で大きく前進しようとしていました。ある日、私は時の外務省欧州局長、東郷和彦さんに呼ばれて、こんなことを告げられたのです。

「さっき小寺（次郎）君に、『君は平時ならロシア課長が務まるが、今は大変大事な時だ。君が努力したことは分かっているが、能力が及ばないんだ。だから代わってもらう。書類はすでに人事課に出してある』と伝えました」

あまりにストレートな「解任通告」です。東郷さんは、さらにこう続けました。

「小寺君が頭を抱えて、『佐藤が仕掛けたんですか？』と言うので、『いや、彼は関係ないよ。ただ、これからはいろいろ手伝ってもらうつもりだ』と、つい話してしまいました。何かハレーションが起こるかもしれませんから、気をつけてください」

そんな話を聞いて、上司に評価されたと単純に喜ぶほど、私は馬鹿ではありません。「これはかなり面倒なことになったぞ」と即座に思ったものです。

案の定、小寺氏は就任間もない小泉内閣・田中真紀子外務大臣のところに飛んでいき、「外務省がいかに鈴木宗男や佐藤優に食い物にされているか」を直訴したのでした。その行動は奏功し、丸め込まれた田中外相によって、小寺氏はロシア課長に「復活」を果たします。

一方、「鈴木宗男悪人説」を刷り込まれた田中氏は、宗男議員との対立を深めていきました。そして翌〇二年には「鈴木宗男事件」が勃発し、結果的に鈴木さんも私も逮捕、起訴されることとなりました。東郷さんも、当時務めていた駐オランダ大使を罷免され、退官を余儀なくされてしまいます。

一連のドタバタが外交に及ぼした影響は、甚大極まりないものでした。北方領土に関しては、せっかく今一歩のところまで来ていた返還が、その後一五年以上お蔵入り状態になってしまいました。

こんなことになった原因は多々ありますが、一人の男の「嫉妬心」と、それを増幅させてしまった「上司の一言」が一つの発火点になったのは、確かだと思います。

付言しておけば、当時東郷さんは、小寺氏をこのように評価していました。

「官僚には四通りある。①能力があり、意欲もある。②能力があるが、意欲がない。③能力がないが、意欲がある。④能力がなく、意欲もない——だ。どれが最低かといえば、③の能力がないのに、意欲があるやつである。小寺は普段は④だが、時々③になるので困るのだ」

嫉妬に狂い、問題行動を起こすのは、まさにこの③のタイプの人間です。

それにしても、直属の上司にここまで思われていた小寺さんが、その後国連大使をやり、欧州局長を務めるのですから、外務省というのも相当「怖い」ところです。

嫉妬に気づかないのは危険である

私は今でも、「あの時、東郷さんが小寺氏に対してあんな〝切り方〟をしたりせずに、もっと穏便にやっていればなあ」と思うことがあります。なぜ直截この上ないやり方で異動を命じたのかといえば、彼が男の嫉妬の恐ろしさを理解していなかったからとしか、言いようがありません。

東郷さんは、祖父が太平洋戦争開戦時と終戦時の外務大臣だった東郷茂徳氏、父は外務事務次官や駐米大使を歴任した東郷文彦氏という「外務省サラブレッド」の家系に属した人でした。英語のみならずフランス語とロシア語がペラペラで、東大の入試をフランス語で受けたほど。

東郷さんと飲んだ時、「本当は外交官ではなく、フランスの文芸批評をやりたかったんですよ」という話を聞いたことがありました。「でも、才能がないと思ったので、仕方なく大学三年の時に、外交官に転進することに決めたのです」と。

私は、「そういう話は、あまり他ではなさらないほうがいいですよ」と忠告しました。ところが、「なんで?」ときょとんとしている。

「周りの人間は、みんな必死に受験勉強して外務省に入ってきたのです。『仕方なく』などと言えば、嫌味に聞こえます」

そう話すと、「本当のことなんだけどなあ」と合点がいかない様子でした。

「日本はひどい国になった」と嘆くので、「どこがですか？」と聞いたら、次のような話をされたこともあります。

「先週末は、軽井沢の別荘で草取りをしていました。祖父の頃には女中や執事がいたし、父の時代にもお手伝いさんがいました。今は、僕が掃除から何から全部自分でやらないといけない」

これに対しても、「東郷さん、そういうことはあまり口になさらないほうがいいです。なぜなら、圧倒的大多数の日本人は、軽井沢に別荘を持つことなどできないのですから」と話したのですが、たぶん納得はされなかったでしょう。

その手の「東郷語録」には、事欠きません。もう一つだけ紹介すれば、やはり「日本はひどい国だ」と怒っているので理由を尋ねると、「父親が死んで家を相続したけれど、相続税が高くて払えないので、西麻布に引っ越さなくてはならなくなった」と言うのです。ちなみに、それまでの住まいは広尾にありました。

一般人からすれば、東京・西麻布の家というのも、相当に高嶺の花です。税金をかなり払わされたと思いますが、それを上回る財産を相続できるわけですから、聞かされたほうにとっては、やっぱり「羨ましい話」でしょう。しかも東郷さんが話すと全く嫌味には聞こえないんです。ごく普通の会話として話すのです。

こうした発言の端々に表れているように、東郷さんは本質的に「貴族」なのです。経済的にそうであるだけではなく、仕事でも「貴族」。なので、カネやポストの獲得に血眼になる他のキャリア官僚とは、明らかに毛色が違いました。「能力があれば、カネやポストは自然についてくる」というのが彼の発想で、事実、そうやってキャリアを積み上げてきたのでした。

こういう人は、他人のことを嫉妬したりはしません。それは人間として、大きな美徳と言えるでしょう。しかし、困ったことが一つだけあります。自分が嫉妬しない人は、嫉妬の感情が分からないのです。人はどんなシチュエーションで嫉妬し、時としてそれがどれほどの衝動を呼び覚ますものなのかを、ぜんぜん理解できないわけです。

鈴木宗男氏の本質

嫉妬が分からないのは「貴族」ばかりではありません。私の知る限り、自ら嫉妬の感情を持たないために、他人の嫉妬に鈍感なもう一人の代表人物が、鈴木宗男さんです。

二〇〇〇年四月、当時自民党総務局長だった鈴木さんが、大統領に当選したばかりのプーチンに会った時の出来事は、第一部でも述べました。東郷さんから会談の報告を受けた中曽根康弘、橋本龍太郎、三塚博、中山太郎という錚々たる顔ぶれの政治家たちは、揃って憤懣やるかたないという態度を示したのでした。目を吊り上げて、鬼の形相になっている人もいた。「後輩政治家」鈴木宗男への、燃えるような嫉妬にほかなりません。

ところが、当の鈴木さんにその話を伝えると、「俺から見たら、みんな雲の上の人だ。ヤキモチなんて、思い過ごしだろう」という受け止めなのです。自分が嫉妬されることなど、ありえないと思っていた。

鈴木さんにしてみれば、自分は他のエリート政治家と違い、議員の二世でも高級官僚の息子でもない。東大卒でもない。最初の選挙では自民党の公認さえ受けられなかった、「傍流」の力の弱い政治家でしかないのだ、という発想なのでしょう。だから、誰かが成功すると、他の政治家なら「おのれ」と対抗心むき出しになるところを、「いや、まだ自分の力が足りないから」「もっと努力しないといけないね」という感じになるのだと思います。他のセンセイに嫉妬することはないし、それ故に自分に向けられる嫉妬にも気づけないわけです。

鈴木宗男という政治家を物語る、こんなエピソードがあります。

ある時、向島の料亭にいる鈴木さんから、電話がかかってきました。「佐藤さん、ちょっと助けてくれ」と。おっとり刀で駆けつけてみると、同僚の外務官僚がへべレケに酔っ払い、「こら鈴木、国会議員だからといって調子に乗るんじゃないぞ。お前たちは俺らの力がなかったら、何もできないだろう」と議員に「説教」している最中でした。

こうしたケースでは、怒った議員がその上司を呼びつけたら、彼は間違いなくどこかに飛ばされるでしょう。政治家としては似たタイプだった野中広務さんでも、恐らくそうしたと思います。一度そんな目に遭ったら、それまでどんなにかわいがっていたとしても、人間関係はそこで終わり。でも、鈴木さんは違いました。

「こいつは、ストレスで相当参っているんじゃないか。何とかしてくれ」

これは明らかに、目の前で酔っぱらって暴言を吐いている官僚に対する助け舟です。こういう振る舞いは、人間的には「優しい」「心が広い」ということになるのでしょうが、政治家としては命取りになる危険性が高いわけです。

結局、周囲からのやっかみが仇となり、一度は政治生命さえ絶たれてしまうわけですが、そういう鈴木さんの本質は、今も変わっていないように見えます。鈴木さんや私が投獄される背景ともなった北方領土問題が、二〇一六年後半になって再び動き始めました。この状況下、鈴木さんは安倍さんに何度か呼ばれ、アドバイスを求められました。今頃になって取材というよりも、ブリーフィングを求めにやってくるメディアにも、正直腹が立ちます。身に覚えのない罪で有罪判決を受け、「国賊」とまで罵られた原因を作り、拡散させたのは誰だったのか。それでも話を聞きたいのなら、せめてもう少し勉強してから来てほしいものです。

ともあれ、かつての当事者であるだけに、私自身は、今はこの問題に深く触りたくはありません。あれだけの仕打ちを受けた身としては、「怖くて触れない」というのが本音なのです。

ところが、鈴木さんは違う。「二五年たって、ようやくまともな方向に戻った」と心から喜んで、この問題に関して総理に全面協力の姿勢をとりました。協力はいいけれど、またぞろおかしな話に巻き込まれ、スケープゴートにされたりしなければいいがなあ、と私は半ば本気で心配しました。

男の嫉妬に話を戻すと、東郷さんも鈴木さんも「能力もやる気もあった」にもかかわらず、職さえ奪われてしまいました。もし自分に似たところがある、例えば「他人に嫉妬心を抱いたことはない」「客観的に見て、先輩や同期の人間より上司に評価されている」というような場合は、あらためて嫉妬というものの怖さを認識しておく必要があると思います。

竹村健一氏に学ぶ「やっかみ」のかわし方

私が仕事をした人の中で、二人とは反対に「この人は嫉妬の怖さをよく認識しているな」と感じたのは、先輩のジャーナリストである政治評論家の竹村健一さんです。

竹村さんは、私がまだ作家としてデビューしたてで売れていない頃から関心を持ってくれて、もの書きとして心得るべきことを何彼と指南してくださいました。大変なインテリですが、その処世術も非常に参考になるものでした。

彼が活躍していた当時、人からやっかみを受けないために実践していた行動の一つは、「お願いごとがある時には、必ず自分から相手のところに出向くこと」でした。大ベテランになってからも、「君、頼みたいことがあるから、ちょっと来てくれないか」と人を呼びつけるようなことはしなかったのです。

ちなみに、逆に自分よりも力が上の人間から「会いたい」と言われた場合にはどうするか？　「絶対に相手の許に行かない」というのが、竹村さんのポリシーでした。力のある相手のホームグラウンドに足を踏み入れたら、そこで丸め込まれてしまう危険性が無きにしもあらず。ジャーナリストとして、そうしたリスクは極力排除せねばならないという気持ちだったのでしょう。「私の場合は、天皇陛下と総理大臣以外のところには、自分からは行かない」と話していました。

もう一つ竹村さんが心掛けていたのは、「人の悪口を言わないこと」です。実際、三日間寝食を共に仕事をしたことがあるのですが、それは見事に実践されていました。元タカラジエンヌの奥さんに聞いても、「この人が陰口をたたいているところは、見たことがない」とおっしゃっていました。「陰口といっても必ず表に出るから、絶対しない」という姿勢を貫いていたのです。

これは、簡単なようでいて、なかなか難しい。でも、例えば「できる」同僚が陰で自分のことを馬鹿にしていると知れば、嫉妬や憎悪の念が膨らむのを抑えるのは、難しいでしょう。そういうことをしないのは、立派な「嫉妬のマネジメント」なのです。

竹村さんの「注意深さ」がどういう種類のものであるのかが分かる、こんなエピソードがあります。

ある時、竹村さんから「お金が必要でテレビコマーシャルに出ようと思ったら、すごく注意したほうがいい」というアドバイスを受けたのです。こちらにそういうつもりは全くなかったものの、「どう注意すればいいのですか？」と聞くと、「商品を褒めたり、『私も使っています』と言ったりしてはダメです。それをやると、万が一その商品がらみのトラブルが発生した時、余波を被る可能性があるから」というのが答えでした。

当時、ご自身は某食品メーカーのソースのコマーシャルに出演していました。「あれは、『デリシャス』の発音が『〝デ〟リシャス』ではなく、『デ〝リ〟シャス』であることを指摘したもので、商品そのもののことは、何一つ言っていません」と大真面目におっしゃっていたのが印象に残っています。

さらに、もっと根本的なところでは、「テレビと書く仕事を兼ねるべきではない」とも言われていました。

「恐らく日本で最も早く、ライターによる口述筆記によって大量の書物を世に送り出すというスタイルを採用したのは、この私です。実は私がやったのは、アメリカでテレビをベースにしながら本も出している人たちのやり方だったのです。もちろん自分で本も書きたい。しかし、やはりテレビと両立するには無理があると悟って、早い時期に本づくりは口述筆記型にして、テレビにウエイトのほとんどをかけていくことに決めました。テレビの世界に入ると消耗戦になります。あなたは活字に絞ったほうがいいよ」

ある種の威厳を持ちつつ、テレビで理路整然と持論を展開する大先輩にも、そんなふうに人生の選択に悩み、大きな決断を下した過去があったのだというのは、当時の私にとって非常に興味深い話でした。

事のついでに、竹村さんの本づくりについて紹介しておきましょう。さきほど述べた「三日間一緒の仕事」というのが、それでした。

中身は、竹村さんと私の対談です。会うのは、箱根にある彼の別荘でした。対談時間は、だいたい二時間から三時間。それが終わると「フリータイム」です。部屋を一つ用意してくれていて、観光するなり食事に行くなり、自由にどうぞ、と。

その間に録音とメモをベースにして、編集者が構成し大雑把な原稿にする。翌日の対談は、それを踏まえて続きをやるのです。

考えてみれば、こんなに効率的な書物のつくり方はありません。対談の相手は三日間拘束されるものの、その間にリフレッシュすることもできれば、他の仕事を持ち込むこともできるでしょう。三日目で粗原稿は出来上がっているので、対談終了後四～五日後には、入稿前の整理された状態で原稿が届くという仕組み。おまけに、竹村さんは太陽企画出版という自前の出版社も持っていましたから、さらにスピーディーに工程をこなすことが可能でした。

こうして、常に「緊急出版」と帯でうたえる本が、年に何十冊も生み出されていったのでした。

そんな竹村さんは、テレビからも、言い方は変ですが、きれいに「消えて」いきました。去り際のうまさも、竹村さんの見識あればこそだと私は感じています。そういう人ですから、論敵から喧嘩を売られることはあっても、嫉妬が原因で攻撃されるようなことはなかったのでしょう。

嫉妬は薄れ、「自己愛」人間が増殖した

嫉妬は人の一生を変えることもあれば、組織を機能不全に陥らせることもある――。例に挙げた以外にも、外務省時代にそうした場面に幾度も遭遇した私は、「強い組織をつくるためには、嫉妬のマネジメントが必要だ」という問題意識を持つに至りました。

ところが、気がついてみると、ここ十年足らずのうちに、そんな現場の雰囲気がガラリと変わってしまいました。永田町からも霞が関からも一般の企業内においても、その手の激烈な嫉妬というものが、すっかり影を潜めてしまったのです。もちろん雲散霧消したわけではありませんが、「嫉妬を感じたら、逆にそれをエネルギーにして上を目指す」といったかつ

ての空気は、私の体感からしても、現役の比較的上の世代から聞こえてくる話を総合してみても、明らかに希薄になっています。

では、組織から問題児がいなくなったのかといえば、さにあらず。上司は、相変わらず部下たちが引き起こす様々なハレーションに頭を悩ませています。

そうした問題行動の根源にあるのは、「歪んだ自己愛」でした。すでにお話した通り、編集者たちと付き合う中で、私はそのことを理解したのです。彼らは、他人に嫉妬の念を抱く代わりに、自分自身に過剰な愛を注ぎ、結果として組織や社会に負の影響を与えているのでした。

しかし、自己愛を持たない人間が、まともな社会生活を送ることは難しいというのもまた、事実です。人は「健全な自己愛」を持たなければなりません。ではそれは、いったいどういうものなのか？

イエス・キリストの「隣人を自分のように愛しなさい」という言葉がヒントになります。「自分のように」というのが大事なところで、突き詰めれば「自分を正しく愛せなかったら、他者に健全な愛を向けることもできない」と言っているわけです。つまり「自己愛」と言いつつ、それは「自己」の中で完結するものではないのです。問われるのは、「健全なる他者性」であると言ってもいい。かみ砕いて言えば、「自分は、このように自分を大事に思っている。同じように、あの人も自分を大切にしている。そのことを許容できるのが『健全な自己愛』である」と定義できるでしょう。

自己愛が肥大し、歪んでいる人には、そういう想像力が働きません。ですから、周囲とトラブルを頻発させるのも当たり前なのです。今の時代に組織に求められるのは、「自己愛のマネジメント」ということになります。

自己愛で自分を見失うストーカー

「自己愛を歪ませた」存在の最たるものがストーカーであることは、論を俟ちません。これだけストーカー行為が増えていることも、日本社会の中でいかに自己愛の歪みが進行しつつあるかの、一つの証と言えるかもしれません。その怖さについては、第二部の小早川明子さんとの対談をお読みいただければ、分かると思います。

私自身、ある女性につきまとわれた「怖い」体験があるのですが、そこまでいかなくても、ストーカー的な振る舞いをする人間が確実に増えていることを実感させられる「事件」は、日常的に起こります。

例えば、どこで調べたのか、私宛に見ず知らずの人間から執筆依頼の手紙やメールの届くことがあります。こちらも暇ではありませんから、数日放置することがあります。怪しげなものは、意図的に無視します。そもそも、勝手に送り付けられた封書の封を切るも切らないも、メールを読むも読まないも、送り付けられた側の自由でしょう。

にもかかわらず、「どうして返事をくれないのですか?」という追い打ちの連絡が、必ずと言っていいほど来るのです。こういう人たちは、私に言わせれば〝プチ・ストーカー〟です。「自分の送ったものは読まれて当然」「返信があって当たり前」と思い込んでいるのですから。

編集者の悪口ばかり言うようで気が引けるのですけれど、原稿の締め切り前に督促のメールを送ってきたりすることも、かつてはありませんでした。ところが、「締め切り三日前ですが、お原稿の進捗具合はいかがですか? お知らせください」なんて平気で言ってくる人が、今はやはり複数いるわけです。

先々まで完璧に決めておかねば、という一種うつ病的な現象なのかもしれませんが、それによって、言われたほうが「私は締め切りを守らない人間だと思われているのか」という感想を持つことに、思いが至らない。これも十分、ストーカー的と言えるでしょう。

年に何十人ものストーカーに会っている小早川さんの指摘を、再録しておきましょう。

「彼らは、自分を加害者だとは認識していません。むしろ、いわれなく拒絶された被害者だと思い込んでいるわけですよ」

「他人を愛せる人というのは、『彼女のために自分は去ろう』と思える人間でしょう。ストーカーには、その発想はありません。『あの人は、僕のために存在しなくちゃいけないんだ』と思っていますから」

まさに「健全なる他者性」の喪失です。

小早川さんの分析によれば、ストーカーは自己愛を肥大化させているというより、自分に自信が持てずに、その結果友人にも恵まれず、孤立しているタイプがほとんどだそう。それも「歪んだ自己愛」にほかなりません。健全な自己愛を育めないことで、自分の行動がいかに身勝手なものであるかが全く見えなくなり、時として重大犯罪まで引き起こしてしまうわけです。

「土俵に上がろうとしない」人間たち

「ストーカーは、自分に自信が持てずに、孤立しているタイプが多い」という小早川さんの指摘は、まったく当を得たものだと感じます。ただし、そういう形で自己愛を歪ませている人間が、みんなストーカー的になるわけでは、もちろんありません。今の会社組織で目立つのは、「イマイチ自分に自信がないけれど、さりとて自信に溢れたように見える同僚を嫉妬したり、その足を引っ張ったりするわけではない」「でも、他人から低く見られることには耐えられない」という人たちなのです。

「自信はないけど、馬鹿にされるのは嫌だ」という感情は、矛盾を含んでいます。実際問題、「自信がない」人間は、往々にして仕事上の失敗が多い人です。そのため、周囲からは蔑みの視線を向けられることも少なくないからです。

では、どうするか? こういうタイプの人間が、その「ガラスの自己愛」をプロテクトするために取る行動が、「初めから土俵に上がらない」というものです。そうすれば、ガチンコ勝負で敗れ去ることはありません。少なくとも、見事に投げ飛ばされる屈辱は味わわなくてすむわけです。

「不戦敗」を宣告されるかもしれませんが、その時には、心の中でこう抗弁すればいい。

「僕だって、やればできたさ」「私は、まだ実力を出したわけじゃない」――。

周りは、単なるエクスキューズと取るかもしれないけれど、自己愛は壊れずにすみます。

この手の人間が、四十歳ぐらい以下の世代で、不気味に増殖しているのです。女房子どもを養うために、どんな勝負でも受けて立ってきたお父さんたちには、まことに理解しがたい発想と言うしかないでしょう。

そんな場合には、彼らと同じ世代の書いた小説を読むことをお勧めします。そこには、彼らが何を考えているかが、鮮明に描写されているからです。

例えば第二部でも紹介しましたが、一九八一年生まれの柚木麻子さんの書いた『伊藤くんA to E』の主人公、伊藤くんは、まさに「土俵に上がらない」人間の心情を代弁しています。彼が主張するのは、大要次のようなことです。

「傷つくことを恐れるなというのは、強者の論理だ。恥をかいたまま起き上がれるのは、限られた特殊な人間だけなのだ。たいていの人間が、夢をかなえないまま死ぬのは、夢と引き換えにしてでも、自分を守りたいから。誰からも下に見られたり、馬鹿にされたり、笑われたりしたくない。傷つける側に立っても、その逆は絶対に嫌なのだ」

伊藤くんは、「充実感を得るより、金を稼ぐより、傷つけられないほうが本当は重要なんですよ」とも言います。「自己愛」を守ることが、生きる上で最もプライオリティが高いというわけです。

ちなみに、彼自身は千葉の大地主の子どもで、お金に不自由はしていない。脚本家になると豪語しつつ、その実まだ一本も書いたことがなく、ひたすらバイト生活に明け暮れているという人間です。脚本家として勝負しても、ものになる自信は全くないから、夢の土俵には上がらない。確かにそうすれば、死ぬまで「やっぱり自分には才能がなかった」と認めずに過ごすことができるでしょう。

伊藤くんのように、「土俵に上がらない」という選択も、その人の自由と言えば自由です。しかし、そういう「人材」を抱え込んでしまった組織は大変です。

彼らは、自分に自信はないのですが、引きこもりとは違います。表面上は、コミュニケーション能力はそこそこあって問題ないように見え、だからこそ面接もすり抜けることが出来ました。ただし、上司はすぐに頭を抱えることになります。肝心な局面になると、なんだかんだと言い訳をして、仕事から逃げてしまう。それでは、戦力としてカウントすることはできません。

彼らにとって、金を稼ぐことよりも、仕事が全う出来ずに傷ついたりしないことのほうが大事なのですから、これは難敵です。多少なだめすかしても、動かない。叱責したら「では辞めさせていただきます」ということになって、上司としての組織管理能力を問われることになりかねないのです。

繰り返しになりますが、この手の自己愛のこじらせ方をした人が、企業をはじめとするあらゆる組織の中で増えています。そういう時代になったと言ってしまえばそれまでですが、彼らに対して「理解不能」でとどまっていては、もはや円滑な組織運営は難しい。まずは、そのことをしっかり認識する必要があるでしょう。

『君の名は。』のヒットへの違和感

二〇一六年に公開されたアニメ映画『君の名は。』（新海誠監督）が大ヒットして、話題になりました。公開以来の興行収入は、同年十二月五日現在で二〇〇億円を突破し、『もののけ姫』（一九三億円）を抜き、日本映画の歴代二位となりました。動員人数のほうは、同じ時点で、一五〇〇万人を超えたとのことです。

映画は、ある男子高校生と女子高校生の意識が入れ替わってしまうところから始まるストーリーなのですが、こうした現象にちょっとした違和感を覚えるのは、私だけなのでしょうか。

映画の内容をどうこう言うのではありません。「一五〇〇万人を超える人間が観た」というのは、皮膚感覚で言えば、「知り合いのあの人も、この人も観た」という状況になっていてもおかしくないと思うのです。〝『君の名は。』現象〟が巻き起こり、日本中お祭りみたいになっていなければいけない。かってなら、そうだったはずです。

もちろん、「知り合い」の年代などにもよるのでしょうが、少なくとも私の知る範囲では、そんなことにはなっていません。「観たことがない」どころか、「知らない」と言う人も何人もいました。かく言う私自身、ある週刊誌からこのお題をいただくまで、全く無関心でした。マスメディアは「ブーム」を煽るものの、「ブーム」になっている感じがしないのです。これはいったい、どういうことなのでしょうか?

問題は、「一五〇〇万人超」の中身にあるのではないかというのが、私の分析です。恐らく一人で繰り返し映画館に足を運んだ人が、数多くいたのでしょう。それが記録的な「ブーム」の実像だと思うのです。要するに、その世界に深く深くハマって、遠路はるばる「聖地巡り」などに出かけたりもするグループが存在する一方、知らない人は「何その映画?」という構造になっているわけです。

『君の名は。』を何度も観に行く人たちの間には、恐らくその他の人間にはうかがい知れない、一種濃密な世界が広がっているのではないでしょうか。そしてその世界が、なぜか私には、ナルキッソスの覗き込む泉のように感じられて仕方がないのです。ナルシシズムの語源にもなったギリシャ神話に登場する美少年は、泉の水面に映る自らの姿に恋い焦がれ、やがて想いが果たされぬまま、水仙の花と化してしまったのでした。

わざわざ同じ映画を何度も鑑賞するというのは、無意識の自己確認でもあるのでしょう。それに惹かれる人間たちが持つ特有の自己愛を確認し、癒す「泉」として、あの映画はあった。一方で、彼らと異なるメンタリティを持つ人間には、全く響かない理由も、それで説明がつくように思うのです。

考えてみれば、同様の現象は、『君の名は。』以外にも見られました。例えば、その「わかりやすい」主張が時に物議を醸す百田尚樹さんの『カエルの楽園』（新潮社）、『鋼のメンタル』（新潮新書）といった本は、数十万部売り上げているのに、私の知る限り、きちんとした書評が出ていません。これなども、特定の人々の自己愛を強烈にくすぐるものの、「刺さらない人間には全然刺さらない」典型と言えるのではないでしょうか。

STAP細胞の小保方晴子さんの『あの日』（講談社）とか、元少年Aの『絶歌――神戸連続児童殺傷事件』（太田出版）なども、「ベストセラー」にはなるものの、世間に拡散していく感じがしませんでした。一部の「信者」たちの間を、再帰的にぐるぐる回っているというのが、正確だと思います。

ただし、昔はそうした自己確認ばかりやっていると、やがて「自家中毒」を起こして、際限なくその世界に引きずり込まれてしまうことも多かったのですが、最近はそこまで重症化はしないようです。何かいい〝濾過《ろか》装置〟があって、常に真水が循環しているように感じられるのです。バーチャルの世界が精神世界にも投影されて、デジタルのスイッチのON／OFFみたいに、チャレンジ→リセット→再チャレンジという切り替えを自分自身の中で容易に受け止められるようになったということなのかもしれません。

『君の名は。』に話を戻すと、三回も四回も映画館に通うことによって生じる「時間のコスト」感覚が、そういう人にはありません。そんなのは無視して、とにかく映画の構造に触れることだけで喜びを感じられるというのは、蒐集した古銭をためつすがめつして時間を忘れる、コレクターに似たところもあるように感じます。基本的に、閉じた自分たちの世界に快感を覚えているのです。

コレクターと言えば、かつてはTVドラマ『ずっとあなたが好きだった』（一九九二年）に出てくる、蝶の蒐集が趣味の冬彦さんに代表されるように、ともすれば「変わり者」「気持ち悪い人」のイメージだったはず。しかし、『君の名は。』を繰り返し観たという話をしても、少なくとも変人扱いされることはないでしょう。そういう意味でも、「時代は変わった」のです。

ただし、そういうご時世だからこそ、「己の自己愛は大丈夫か？」と冷静に自らを見つめられる目を持つべきではないでしょうか。前に「健全な自己愛＝健全な他者性である」という話をしました。例えばそれが、一つの指標になるでしょう。

〝濾過装置〟は、いつか作動しなくなる日が来るとも限りません。泉を見つめすぎて水仙になるのだけは、避けたいものです。

背後にあるのは新自由主義

嫉妬が薄れ、歪んだ自己愛の増殖が進む――。それはいったいなぜなのでしょうか？　結論を言えば、日本で言えば小泉政権くらいから本格的に始まった新自由主義政策が「功を奏し」、いよいよ社会の根っこの部分にまでその仕組みが浸透してきた結果だと、私は考えています。

「世の中は競争原理で動く」「評価は市場が決める」という新自由主義の下で、格差が進みました。単に富裕層と貧困層に二分されただけではなく、同じ層の中にいたとしても、従来の価値基準が崩壊した結果、個人個人、みなバラバラになってしまったのです。企業や官庁、学校といった組織の内部でも、それが顕著になりました。

今や「全社一丸となって邁進しよう！」的な『島耕作シリーズ』（弘兼憲史）の世界は、本当にマンガになってしまいました。正社員も派遣も、成果主義のもと、自分の身を守ることで精一杯です。そもそも、成果を上げて昇進したとしても、その身分が保証されるわけではありません。突然外資系企業に買われて、リストラに遭うとかいった「事故」は、現代のビジネスマンにとって、もはや他人事ではないのですから。

そういう環境で、ひたすら上を目指して頑張るのは、虚しいものです。それよりも、とりあえず身の安全を確保しようという方向に意識が向かうのは、ある意味当然のことなのでしょう。こうして上昇志向が衰え、それが一因となっていた嫉妬の感情も後退しました。先が見えないのでは、出世競争をしても意味がない。そのために嫉妬のエネルギーを費やすだけ無駄、というわけです。

外に向かっていた感情は、自己保身＝自己愛へとシフトしました。それが健全な自己愛を育む契機になればよかったのですが、残念ながらそうでないことは、縷々述べてきた通りです。

カラオケに例えるならば、以前は仲間たちとマイクを奪い合っていたのが、いつの間にか「一人カラオケ」の世界になってしまったようなものです。歌を聴かせる相手は、他人ではなく自分自身。表示された点数で自己確認し、そこそこうまく歌えたらそれで満足なのです。人より上手に歌いたいという欲求も、場を盛り上げようという熱意も、そこにはありません。

こうした現象が、新自由主義の浸透に起因するものである以上、根は深いと言わざるをえません。組織の存在を危うくするような、特に若い世代の自己愛の肥大化や歪みは、単に親の育て方とか学校教育の在り方を責め立てればどうにかなる、といった類の問題ではないのです。

SNSに気をつけろ

歪んだ自己愛を生むような時代性の〝縦糸〟が新自由主義ならば、〝横糸〟にはフェイスブック、ツイッター、LINEといったSNSがあるというのが、私の考えです。収録した対談で、精神科医の斎藤環さんと前出の小早川明子さんが、図らずも共にSNSに言及したことを見ても、それは明らかでしょう。SNSの使い方、そこで交わされる会話の理解を誤ると、それは自己愛をおかしな方向に向かわせるツール、触媒として機能する危険性のあることに注意すべきです。

ここで言う「SNSの危険性」には、二つあります。

一つは、バーチャルな空間をリアルと勘違いすることによって誘発される、困った事態です。アイドルのサイトを見に行ったのがきっかけで、勝手に相手に思いが伝わったと思い込み、ストーカー行為を繰り返した後に刃傷沙汰を起こすなどというのが、分かりやすい例でしょう。

行為がそこまで及ばなくても、ブログなどを通じて「仲良く」なり、やり取りを続けているうちに、知らない相手に対して一方的に恋愛感情を抱くようになるというのは、決して珍しいことではありません。小早川さんによれば、「相手が読むかもしれない」と脳が認識すると、フェイスブックなどにメッセージを書き込むと同時にドーパミンが出て、「接近欲求」が暴走していくのだといいます。急速にSNSが普及した結果、誰もがそうした状態になりうるという意味でも、恐ろしい話ではないでしょうか。

そうした「暴走」は、面識のない相手だけに起こるとは限りません。例えば会社の部下や取引先の人間とでも、LINE上などでの会話は、面と向かってするそれとは表現が微妙に異なったりすることがあります。そこから誤解が生じて、その後の言動を誤れば、最悪、職を失うことになるかもしれません。

ＳＮＳはまた、人間に自らの自己愛が歪んでいることを自覚させる機会を奪うばかりでなく、さらにその病状を悪化させる役割も果たしています。斎藤先生によれば、リアルな世界でうまく人間関係を切り結べない若者でも、バーチャル空間で「いいね！」を数多くもらえれば、それで満足してしまう。自分は大丈夫だと自己確認してしまうわけです。ＳＮＳのない時代だったら、どこかで問題点を認識して、もがきながらもリアルな人間関係を構築するために歩き出したかもしれないのに、です。

二つ目の問題は、それまでのＰＣメールとＳＮＳの「文化の違い」が、自己愛に悪影響を及ぼすことです。

同じ文字のやり取りでありながら、従来のメールとＬＩＮＥとでは、通信のルールが明らかに異なります。メールは、返信するのを気長に待ってもらうことが出来ました。実際、ＰＣを一日中開かないことだってあるでしょう。相手もそのことを了解していて、即時の返信を要求されるようなことはなかったのです。

しかし、ＬＩＮＥでは、そうはいきません。「スマホは、肌身離さず持っているだろう。私の送ったメールを読んだことも分かっている。さあ、返信してください」という世界。締め切り前にいきなりメールを送りつけてきて、返事を要求する編集者の話をしましたが、私に言わせれば、LINEは丸ごとストーカー的なツールと言えるでしょう。

「ストーカー行為」の標的になった人は、たまったものではありません。しかも、返しても返しても、また返信が来ます。

この時、送った側の自己愛も危機にさらされます。自分のメッセージを受け取ったにもかかわらず、なかなか返信が来なければ、プライドは大きく傷つくでしょう。さきほどの、バーチャル空間で生きているような若者だったらなおさらです。「受信即返信しない人間は、無礼千万」というルールに縛られることで、健全な他者性はどんどん奪われていくことになるわけです。自己愛の崩壊まで行かなくても、SNSがこうしたさまざまな形で人の心に負荷をかけているのは明らかでしょう。「見直し論」が出たりするのも、むべなるかなです。

ちなみに、別に自己愛が壊れることを恐れるわけではないのですが、私はLINEを使いません。使ってみて、そのデメリットを痛感したからです。

パソコンを導入し、用件をメールでやり取りするようになった時に感じた大きなメリットは、頻繁にかかってくる電話に、仕事をディスターブされずに済むようになったことでした。メールならば、こちらの都合に合わせて確認し、①すぐに返信、②今の仕事が一段落したところで返信、③はなから無視、と対応を選択することも出来ます。ところがLINEの「仲間」に身を置いたとたん、着信があれば仕事を中断してでも対応を余儀なくされる世界が再現しました。「情報」はこちらの置かれた状況にお構いなく、無遠慮に飛び込んでくるようになったのです。話が一度で済まないことが多いぶん、電話より「悪質」と言えるかもしれません。

そんなツールとはとてもつき合いきれないので、私は早々にその世界から退散しました。そうなって、あらためて気づいたことがあります。本当に一分一秒を争う情報のやり取りなんていうのはそもそも稀だし、それをSNSでやったりはしないのです。逆に言えば、SNSで寄せられる情報には、無駄なものが多いのです。結果的に半日そのままにしようが、一日寝かせようが、大勢に影響はなし。そんなものに振り回されるのは、愚の骨頂というしかありません。

あえて言えば、SNSに取りつかれると、収入減になると思います。証券マンとか営業職などであれば別かもしれませんが、デスクワークを生業としているならば、SNSへの対応で時間が取られ、かつ仕事がコマ切れに細分化されてしまうのは、明らかにマイナスでしょう。便利なはずの道具が、逆に効率的で生産性の高い働き方の障害になるわけです。

作家の小林信彦さんは、仕事の電話も自分では取らずに、すべて代行サービスに任せているそうです。そうやってワンクッション置いて、自分にとって必要なものだけに返事を返す。極めて合理的なやり方です。

事ほど左様に、本当に有用な情報は、SNSがなくても手に入るのです。ということで、私はいまだにガラケー派です。大事な話、緊急の連絡は、全部それで済ませています。

そして自己愛もなくなる？

冒頭で紹介した編集者たちの振る舞いは、「肥大した自己愛」「歪んだ自己愛」に起因するものでした。繰り返しになりますが、かつて存在したポストやお金や名誉をめぐる嫉妬は衰え、代わってそういうカギカッコ付きの「自己愛」が組織に蔓延しているというのが、私が『中央公論』の二〇一六年二月号から連載を開始した時に設定したテーマだったのです。

しかし、これもすでに述べたように、自己愛自体も現在進行形で変容しつつあるのでした。連載中、それがまた新たなステージに達したことを認識せざるをえない出来事が起こりました。

同年七月、村田紗耶香さんの小説『コンビニ人間』が芥川賞を受賞しました。主人公は、十八歳の時から一八年間コンビニでバイトを続けている女性です。自身の実体験を基に書かれているだけあって、職場の描写はリアルそのもの。他のコンビニに入っても、即座にその店の問題が分かってしまうという主人公の描き方も見事で、とても楽しめる作品です。

ただ、同時に私はこの小説に、背筋が寒くなるような怖さを感じたのです。文字通りコンビニと同化した主人公は、嫉妬から解放されているだけでなく、自己愛もゼロだったからです。

例えば、一八年も同じ職場でバイトを続けることなど、よほどそこが好きでなければできないはずなのに、主人公はその職業を見下すようなことを言われても、「あ、人間だという感じがする」と相手を客観的に観察するだけなのです。「悔しい」と唇をかむことも、「本気を出せば、他に活躍する場所はいくらでもある」と自分を慰めるようなことも、全くしようとしない。

とはいえ、純文学を対象とした文学賞を受賞するくらいですから、主人公が現実離れしたモンスターとして描かれているわけではありません。この作品の怖さは、読者もその世界に十分なリアリティを感じ、拍手を送っているところにあります。

村田さんも、前出の『伊藤くんA to E』の柚木麻子さんと同世代の、一九七九年生まれです。現在（二〇一六年）の年齢にすると三十歳台半ばから四十歳近辺で、何か自己愛の地殻変動が起こっているというのは、私が出版社の編集部を見渡して感じるジェネレーションギャップの現実と、見事に符合するものでもあります。

いずれにせよ、今や世間は「自己愛ゼロ」の世界に違和感を覚えないところまできたということになります。自己愛の肥大化にばかり目が行っていた私にとって、これは衝撃でした。自己愛は、ついには肥大化や歪みを突き抜け、かつての嫉妬と同じように消えつつあるのかもしれません。

あらためてそのように仮説を立ててみると、なるほど、社会の中にその片鱗は見え隠れしているように思います。自分を愛することを忘れてしまった、しかし生きていかなくてはならない――。そういう状況に置かれた時に必然的に生じることの一つが、他者への過剰な依存です。例えば、カルト的なものに吸い寄せられていく人の中には、自己愛を喪失した人間が多くいるはずです。

親への依存も、自己愛の希薄化が関係しているのかもしれません。第二部の映画監督井口奈己さんとの対談の中で、私の大学の教え子の若い女性たちが、みんな見合い結婚を望んでいるというエピソードを紹介しました。自由恋愛に社会的制約などない時代に、あえて伴侶としてふさわしい人間の選択を他者に求めるというのは、それなりの自我やプライドのある人には、逆に耐えられないのではないでしょうか。

さらに驚いたのは、そこに親との軋轢を恐れる心理が大きく働いていることでした。「勝手に」選んだ相手を連れて行って、親が気に入らなかったらどうしよう。それくらいなら、最初から親の眼鏡にかなう人間を選んでもらったほうがいい、というわけです。こういう人たちは、青年心理学でいうところの反抗期も、恐らく経験しなかったのだと思います。

確かに、男女を問わず、子が成人してからも友達のような親子が増えました。中には、共依存に近い状態になっていることもあります。そうした関係から「健全なる他者性」を見出すのは、やはり困難だと言わざるをえません。

「嫉妬の希薄化」「自己愛の歪み」の次には、「自己愛の喪失」が社会現象化する——。それがいつのことになるのかを現状で見通すのは難しいのですが、新たに詳細な分析を加えるべき「嫉妬と自己愛」のテーマが現れた、と私は感じているのです。

2 「嫉妬と自己愛マネジメント」の極意

人のコンプレックスを笑うな

ここからは「嫉妬と自己愛のマネジメント」はどうしたら可能なのか、上司と部下の関係を中心に、少し実践的な話を進めていきたいと思います。

先ほど、仕事ができるにもかかわらず、他人が自分に向ける嫉妬に気づかなかったことが仇になって、大変な目に遭った鈴木宗男さんや東郷和彦さんの話をしました。嫉妬は思った以上に危険な感情であることを、あらためて認識してほしいと思います。

そもそも、その前段階として、嫉妬を買わないことが大事です。能力のある人間に勝手に嫉妬心を燃やすというのは、防ぎようがないことのように思えますが、「無用な嫉妬」は避けることが出来るはずなのです。

キーになるのは「言葉」です。往々にして、不用意な一言が相手を怒らせて、嫉妬に火をつけたり、それを増幅させたりすることが多いのです。

例えば、「お前、嘘つくな！」と言えば、「何を！」ということになる確率が高い。でも、「お互い正直にやろうぜ」と対応したら、少なくともその場で喧嘩にはならないでしょう。言っていることは同じにもかかわらずです。論理ではなくレトリックが大事になるのは、そういう局面なのです。

他人に対して絶対に言ってはならないことを指摘しておくとすれば、それは「コンプレックスをいじる発言」です。例えば、同僚のミスを指摘するのはいいとして、そのコアの部分にあるパソコンが苦手とかコミュニケーションに難があるとかいう部分には、必要以上に触れるべきではないでしょう。

人間は、自覚しているだけに触れてほしくないコンプレックス――それも自己愛に端を発するわけですが――をいじられると、狂います。表面上は平静を保っていたとしても、内心発言者に対する怒りや嫉妬の念でいっぱいになるのです。逆ギレすることもある。そうなれば、人間関係の修復は困難です。

とっさに出てくる言葉を制御するのは、簡単なことではありません。日頃から「言葉づかい」を意識し、必要なシミュレーションを重ねておくべきでしょう。鍛えるべきなのは、「自分が言われたらどう感じるか」という想像力、「健全なる他者性」です。

付言しておけば、そうはいっても言葉を磨く、鍛えることが昔よりも難しい環境に置かれていることを、十分自覚しなければなりません。元凶は、前にも述べたＳＮＳです。『スマホ断食――ネット時代に異議があります』（潮出版社）などでネット批判を展開する芥川賞作家、藤原智美さんが指摘するように、ＳＮＳ上でやり取りされる文章は、極限まで単純化されます。書き言葉よりも話し言葉に近くなります。いきおい難しいテキストなどが、だんだん読めなくなってくる。そうなると、今度は書けなくなってくるという、言語能力低下の負のスパイラルに陥るわけです。

話はそれますが、低年齢化が進む英語教育も、その点で大いに問題ありです。外国語のコミュニケーション能力の不足が強調されるあまり、現場では「聞く」「話す」レッスンが中心になっています。しかし、「聞く」「話す」「書く」が、「読む」能力を上回ることはありません。言語能力のアップには、レベルの高い文章の読解にチャレンジすることが不可欠なのです。

ネット、SNSの世界にどっぷり浸っていたら、知らずしらずのうちに、言葉の力は衰えていくでしょう。文章が単純化すれば、自分の気持ちを上手に相手に伝える、あるいは正しく受け取ってもらうのが難しくなります。その怖さに気づくべきだと思います。

自らをマネジメントして、心の平静を保つ

いたずらに嫉妬心を刺激したりしないためには、言葉の使い方が大事だと言いました。ただし、そのためには、常にできるだけ冷静な精神状態を保ち、多少のことでは動じない心を養うことが必要になります。誰かの発言や行動に、いちいち腹を立てない。あえて言えば、過度に感動したりもしない。それでこそ、売り言葉に買い言葉の修羅場を避けることもできるのです。

「売り言葉に……」の実例として鮮烈な印象を残したのが、二〇一四年十月に行われた、橋下徹大阪市長と「在日特権を許さない市民の会」桜井誠会長（いずれも当時）の公開討論会でした。「うるせえ、お前」という橋下氏の発言をきっかけに、あわやつかみ合い寸前のところまでヒートアップしたバトルは、結局なんら得るものもなく、一〇分弱で終了となった

のでした。桜井氏はともかく、政令市の市長にして政党の代表、なおかつ弁護士資格を持つ人物が、実況放送もされているのを承知で相手に罵声を浴びせる姿は、「冷静な精神状態を保つ」ことの大事さを、あらためて我々に強く印象づけました。

では、それはどうしたら実現できるのでしょうか？　一つお勧めするのは、本を読むことです。

例えば、本書で展開している「世の中から嫉妬の感情が消え、代わりに歪んだ自己愛が蔓延している」という状況を知れば、自分の部下がなぜ肝心な場面で仕事を逃げるのかが、理解できるかもしれません。それを矯正するのは並大抵のことではないけれども、少なくとも「なぜ？」という段階から、対処法を模索するところまで、思考を前進させることができるはずです。

また例えば、山内昌之氏の『嫉妬の世界史』を読めば、嫉妬がいかに理不尽かつ恐ろしい現実を招くのかということが、しっかり認識できるでしょう。すでにお話しした通り、若い人間たちが何を考えているのかちんぷんかんぷんで困っていたら、彼らと同世代の作家が描く世界を覗いてみるのが有効です。

要するに、物事に動じない心は、いろんな知識、教養を身につけることで養われるのです。

ある人間の信じがたい言動も、その背後にあるものを「知って」いれば、ある程度の余裕を持って対処できるでしょう。上司から納得のいかない叱責を受けても、「この人はなぜ怒っているのか」を分析しながら聞くことができるはず。

教養の深い人物は、つまらないことで感動したりもしません。いたずらに感情を刺激されることで発生する様々な問題に、惑わされずに済むわけです。

心のマネジメントにとって重要なノウハウを、もう一つ伝授しておきましょう。どうしても反論したくなったとき、怒りたくなったときには、意識して大きな声を出さないことです。早口になるのもNG。ゆっくりと、静かな声で、理詰めの話をするように心がけるべきです。人間は、自分の発した声にも興奮します。大声を耳にした相手も、それに負けじと反応するでしょう。これはもう、動物の本能の世界です。この点でも、あの元市長と在特会会長の「討論」は、とても示唆に富むものでした。

部下の叱り方、褒め方にもノウハウがある

上司たるもの、部下を何とかやる気にさせて、成果を出してもらわなければ、自分の首が危うくなります。時には叱ったり、なだめすかしたり、ということがあるでしょう。そこに

も「言葉のマネジメント」が必要になります。「自己愛世代」には、どんな対処が求められるのでしょうか？

私は今、大学で講義をしています。学生を指導しなければならない点で、会社における上司と同じ立場にいると言えます。

その叱り方、褒め方ですが、実は私は、当初ちょっとしたミスを犯していたことに気づかされました。私が学生の頃は、叱られる時には先生の部屋に一人で呼ばれたものです。逆に褒める時には、先生はみんなの前で褒める。それが鉄則だと信じ込んでいたので、自分が教える立場になってもそうしていたのです。ところが、ある時同じ職場の教授に「みんなの前で褒めるのはNGですよ」と耳打ちされました。

みんなの前で褒める。すると「褒められなかった」人間たちが、「要領のいい奴だ」といった悪口をSNSで始めたりする。嫉妬というより、「あいつだけ持ち上げられるのはつまらない」といった感情なのでしょう。いずれにしても、結果的に褒めたはずの学生がいたたまれなくなってしまうというわけです。そのアドバイスに従い、それからは褒める時も、他の学生のいないところでやるようにしました。これは、会社組織でも参考になるノウハウだと思います。

「褒める時も」と言いましたが、「自己愛世代」は、そもそも叱られることに慣れていないことに注意が必要です。良かれと思って叱責したら、翌日辞表がメールで送られてくるなどということが、珍しくないのです。

ですから、極力叱らないこと。どうしてもそれが必要だと感じた時には、シチュエーションと言葉に細心の注意を払うべきです。

これは参考になるかどうか分かりませんが、外務省時代の私は、部下を叱ることも褒めることも、ほとんどしませんでした。根本にあったのは、「期待できない人間を叱るのは時間の無駄だから」「能力のある部下は褒めたりしなくてもやるべき仕事をこなせるから」という単純な理由です。

「こいつはダメだ」と思ったら、私は叱る代わりに「ご苦労さん。もう帰っていいよ」と言います。戦力になる人にだけ、「すまないが、ちょっと手伝ってくれないか」と声をかけたのです。そうすることで、精鋭部隊で効率よく仕事をこなすことができました。

できる・できないの判断は、すぐにつきます。例えば、段ボールいっぱいの書類の中から、「あの資料を探してくれ」と頼んだところ、探した末に「見つかりませんでした」となったとします。「本当か？　俺がひっくり返して探してもないのか？」と言って、「では、もう一度見てみます」というのは、アウト。「この中には絶対にありません」と答えて、自分で探してみてやはりなかったら、その部下は信用できます。いざという時に、頼れる存在になるでしょう。

一事が万事と言いますが、人の能力ややる気は、些細なことで測れるのです。横書き文書の右上をホチキスで止めたりして平気な人間は、たいてい何をやらせても中途半端です。ホチキスを外さずに逆側を固定し、「袋とじ」みたいになっている書類のファイルを提出された時には、さすがに投げ返しました。自分が何のためにその仕事を任されたのかを考えないで作業する人間は、伸びようがありません。「エリート集団」のはずの外務省にも、そんな人は山ほどいます。そういう人たちは、こちらの視線から消えてもらうように、意図的に努力しました。嫌がらせをしたりはしません。緩やかなシカトです。

厄介なのは、仕事ができないのに機微に触れる話に入ってこようとする連中です。面倒臭くて足手まといになるだけでなく、外務省という組織の性格上、危険な存在でもあります。だから、そういう人間とは飯を食いに行ったり飲みに誘ったりは絶対にしないし、誘いに来ても丁重に断る。そうやって、「こちらに近づいてこないように」オーラを出して、教育するのです。彼らとて、叱られ通しよりも、そのほうが自己愛の平静を保つためにはいいはずなのだから。

「冷たく評価する」のも一法

どんなに歪んだ自己愛の持ち主であっても、基本的に一人で完結する仕事をしているのなら、それはそれでいいでしょう。作家やミュージシャン、芸術家などの職業ならば、その独特な自己愛が醸し出す感性によって、素晴らしい作品を生み出せるかもしれません。

しかし、世の中の大半の人たちは、会社とかお役所だとかの組織に身を置いて碌を食んでいます。そうした組織では、たいていチームで仕事をします。ここで注意したいのは、チームワークというのは、基本的に足し算ではなく、掛け算で発揮されるものだということです。実力が1の人間が何人いても、チーム力はアップしません。しかし、9が二人いたら、18ではなく81。そういう世界なのです。

さて、問題はここに「実力0」の人間が混ざった時です。恐ろしいことにこの人は、チームの総合力を限りなく0の方向に押し下げる役割を演じることになります。

必ずしも「自己愛人間」がすべて実力0だと言うのではありません。ただ、「人から侮蔑されるのが嫌だから、最初から土俵に乗らない」「エクスキューズばかり上達して、肝心な仕事からいつも逃げる」という、最近増えているタイプの人たちが、「1以下」の存在、すなわち「いないほうがいい」社員になっている可能性は、けっこう高いと言わざるをえません。

「シカト」しても通じない場合に、どういう対処法が考えられるでしょうか？　大切なのは、彼らの土俵に乗らないことです。

さきほど、「自己愛世代」は叱らないほうがいい、という話をしました。とはいえ、彼らの仕事を「許し」て、それにつき合っていると、チーム力はガタ落ちです。いい加減な仕事が重大なミスを招いたりしたら、その修復に無駄なエネルギーを割かねばならなくなるでしょう。0どころかマイナスです。

そういう人に対しては、新自由主義的な評価システムを適用して、それに基づいて冷たく処遇する、という逆療法がいいかもしれません。「エクスキューズしようがなんだろうが自由にしていいから、とにかく数字を見せてくれ」と。それが刺激になって動き出す可能性が、全くないわけではありません。あらためて自分の実力を突きつけられて、「この組織にいたら、馬鹿にされるだけだ」と自ら去ってくれれば、御の字でしょう。

いずれにしても、そんな大変な目に遭わないためには、最初から「問題児」をチームに呼び込まないことが大切です。常日頃から社内の情報収集などに努め、若手の人間性は把握しておきたいもの。「伸び悩んでいるようだから、うちで鍛え直してやるか」といった仏心や功名心が仇にならないよう、人事に当たっては細心の注意を払うべきだと思います。

上司にたてつくのはご法度である

外務省時代、私は能力のない部下をシカトするのと同時に、できない上司の言うこともきませんでした。適当に話を聞いておいて、やはり無視したのです。戦場では、無能な兵士は自分が撃たれて終わりですが、司令官が誤れば、部隊が全滅しかねません。そんなミスの片棒を担ぐのは、ご免だったわけです。

しかし、結論を言えば、上司を無視するのはいけません。まして反抗したりするのは、サラリーマンにとっては自殺行為と言えます。複数の上司を無視したことが、職場を追われ、牢屋に入れられる一因になった私が言うのだから、これは確かです。

部下は選べるけれど、上司は選べません。たまたま当たった上司に、別にミスしたわけでもないのに四六時中怒られたり、ネチネチ嫌味を言われたりするのは、確かに理不尽です。もともとキレやすい性格なのか、虫の居所が悪かったのか、あるいは「できる」あなたに密かに嫉妬していたのか……。いずれにしても、この手の人たちの「自己愛」も、相当に歪んでいると言うしかありません。それを満たすための標的にされたのでは、たまったものではないでしょう。反抗したくなる気持ちは、痛いほど分かります。

でも、戦ってはダメです。会社などの組織において、下が上の人間に勝てる確率は、限りなくゼロに近いからに他なりません。

新自由主義が浸透した今、昔のように「無能だけれど、年功序列だからあの人を部長に置いておこう」という会社は、稀でしょう。あなたにとっては「合わない」人間であっても、会社の売り上げには、それなりに貢献しているはずです。組織が下の人間の味方になってくれる可能性は、その点でもほぼないのです。

では、どうするか？　答えは、「ひたすら我慢すること」です。研究職などを除けば、上司はたいてい二〜三年くらいで異動になって、他部署に移っていくでしょう。でなければ、先に部下が動くはず。とりあえず、そこまで耐えるわけです。

不幸にも上司ともども同じ部署にスライドすることになり、定年まで顔を突き合わせなければならないような時には、転職も選択肢になります。ただ、転職したら、年収は今より三割減ると考えてください。同業に移れば、同じタイプの上司に遭遇する可能性も、かなりあるでしょう。そうしたことも天秤にかけつつ、冷静に検討することが大事です。一時の激情にまかせて会社を辞めてしまうというのが、クレバーな行動だとは思えません。

付け加えれば、もう一つ冷静に考えるべきことがあります。上司は、本当にあなたを気にいらなくて、難癖をつけているのでしょうか？　もしかすると、指導のつもりで辛く当たっているのではないですか？

私が大学で教える時に、学生の褒め方を間違ったように、上司も部下への対処法、指導の仕方について悩み、迷っているものです。みんなが教育のプロではないのです。部下への期待が、「とにかく叱る」という不器用な対応になっているのかもしれません。そこに思いを馳せる、心の余裕を持つべきです。長い目で見れば、それがあなたのためなのです。

3 質疑応答

同僚への嫉妬が抑えられない

問　明らかに自分よりも仕事ができて、上司の覚えもめでたい後輩がおり、彼に対する嫉妬が抑えられません。「嫉妬しても無意味だからやめよう」と何度も決意するのですが、会社で顔を合わせると、元に戻ってしまいます。もし、彼のほうが先に出世したりしたら、自分の中の何かが爆発してしまいそうで怖いのです。アドバイスをお願いします。

佐藤　あなたにストレートにお答えすると、最初から身も蓋もないことになりそうなので、ちょっとスタンスを変えます。

私はよく、「部下に、隙あらば同僚の足を引っ張ろうとする嫉妬深いのがいて困る。どうしたらいいでしょう?」という相談を受けます。こういう状況の場合、往々にして上司の犯す間違いが、嫉妬されているほうを呼び出して、「君、やっかまれていることに気づいているか? あまり目立ちすぎるなよ」などという話をすることです。嫉妬されている側に対策を打とうとするんですね。

もちろん、無用な嫉妬を避けるように立ち居ふるまうことは大事でしょう。でも、こうした場合には、「嫉妬しているほう」を何とかしなければ、問題解決にはなりません。ストーカー行為をする側・される側

の関係と、基本的には同じです。

では、「する側」にどのような対策を講じるべきかというと、まずできるだけ嫉妬の

芽を摘んでおくことです。

例えば、同期で一人だけ上に引き上げたい部下がいるというような場合、やっかみそうな人間を人事の発令前にランチに誘って、「君には特に期待している。今度若干の人事があるのだが、その後はうちの中心になって、大いにその実力を発揮してもらいたい」といった、褒める方向の話をする。そうやって、「同期が昇進」という嵐が直撃しないように、少し関心の方向をずらしておくわけです。

面倒臭いかもしれませんが、何がしかの「処遇」を怠ると、「なんであいつがチームリーダーなんですか」と酒の席で絡まれるかもしれません。この手の嫉妬は負のエネルギーそのものなので、人事が仇となって担当部署の総合力が、逆にダウンしてしまうことだってありえます。

嫉妬深い人間は、たいてい強いコンプレックスを抱えています。外から自分にとってマイナスの刺激を受けると、そこがひりひり痛む。思考がそっちに行かないようにするには、褒めそやすことです。どんな人間にも、「いいところ」はあります。入社試験を突破したのだから、箸にも棒にもかからないわけではないはず。そこを見つけて、ひたすら盛り上げる。銀座のクラブの女性は、どこも褒めるところがないときはネクタイを褒めるといいますが、それでいいのです。

さて、今の話を聞いて、「嫉妬心が捨てられない」相談者はどう感じたでしょうか？　余計に惨めな気持ちになりましたか？

そう。「できる人間」に嫉妬しても、それ自体は何も生み出しません。それどころか、度を越した嫉妬は自分を一層傷つけ、会社にもダメージを与えかねないのです。まずはそのことを認識してください。

とはいっても、嫉妬は感情です。自然に湧き上がってくるものを止めるのは、無理に思えます。事実、あなたも頭で「やめよう」と考えても、現場に行くとそれを抑えられなくなるのですよね。

厳しい言い方かもしれませんが、あなたの「考え方」はまだ足りません。もう一歩踏み込んで、それから逃れる術を探しましょう、というのが私にできるアドバイスです。

前に「物事に動じない心は、いろんな知識、教養を身につけることで養われる」と話しました。知識や教養、理性によって感情をマネジメントすることは可能なのです。そもそも、人はどうして嫉妬するのでしょう？　そんなことを論じた本を、探して読んでみたらいかがですか。大事なのは、自分を客観的に見る視点を持つことです。

実は、嫉妬という感情は、すべてがすべてマイナスに働くわけではありません。それが前進のエネルギーになることもあるわけです。前進の仕方にも、いろいろあるでしょう。当面、あなたはその後輩に出世競争で負けるかもしれません。でも、人の能力は多様です。上司やあなた自身さえ気づいていないその能力が、将来見出されるかもしれません。

それに、人生は決して「単線」ではありません。あなたが生きている世界は、仕事だけではないはずなのです。嫉妬と自己愛は裏腹の感情です。自己愛が強いから、嫉妬もするわけですね。多くの人が、その自己愛を仕事中心で実現しようとするから、いろんな問題も起こるのです。それ以外の人生、例えば趣味とかボランティア活動とか、多面的に活躍できる場があったら、「負の感情」に押し潰される危険性を減らすことができるでしょう。自分のために、意識的にそうした逃げ道を作っておくのも、有効なマネジメントです。

佐藤優の嫉妬体験

問　佐藤さん自身が嫉妬した経験について教えていただけますか。また、外務省では相当嫉妬されたと思うのですが、それによって嫌な思いや怖い思いをしたことはありますか?

佐藤　最初の質問から答えると、私自身はあんまり関心がないのです。嫉妬で苦しい思いをしたことは一回だけあって、高校時代の失恋です。それ以外、社会に出てからは経験がありませんね。

この問題に関しては、私には自己防衛本能みたいなものがあるのかもしれません。後から考えてみると、嫉妬を感じるかもしれないというようなシチュエーションになると、さっと身をかわしているんですよ。傍から見ていて、明らかな落とし穴が口を開けているのに、吸い込まれるようにそっちの方向に走って行って、案の定修羅場になる人を何人も目にしました。私には、逆にそういうのが不思議でならなかった。

二つ目の質問ですが、外務省時代に嫉妬されたかどうか、自分では分かりません。この点は鈴木宗男さんと同じで、ノンキャリアの私を、東大法学部卒のキャリア官僚が嫉妬するなどという構図を、現役時代は想像すらしていませんでした。「東大法学部卒」にも、とんでもない人たちがいるのには、かなり驚かされましたけれど。

怖いことといえば、机の上に置いておいたノートや手帳が知らない間になくなるということが、何回かありました。だから、大事なものは肌身離さず持ち歩く習慣がつきましたね。

視線を外務省全体に広げれば、「嫉妬と自己愛」が絡む怖い話は、ゴマンとありました。例えば、ある時、トイレのロール型のタオルに大便が塗りつけられるという事件が発生しました。同じトイレで何回も。犯人は、斜め向かいの大使室の主で、どこかの小国の大使に任命されたことに対する抗議でした。「私はこんなに能力があるのに、どうしてあいつらより下の位置付けなんだ」という感情の発露だったのです。

面白いことに、この話を某通信社の記者にしたら、「うちでもありました」と言うんですよ。出世競争に敗れた人間が、当直になるとシャワー室に大便を残していったのだそう。考えてみると、こうしたことを女性はしません。どうやら男の「嫉妬」は、時にかくも幼児退行型の行動を誘発することが特徴のようです。

「口だけ」部下への接し方

問　ナルシシスト系でプライドも高い部下の処遇で悩んでいます。仕事ができるのなら許せるのですが、彼は「口だけ」のタイプ。他のメンバーからは「なんとかしてほしい」と不満が出て、課の雰囲気は悪くなるばかりです。正直、いなくなってほしいのですが……。

佐藤　先ほどお話しした「実力0人間」ですね。同僚からあなたに対して突き上げが来るくらいですから、雰囲気が悪くなるばかりでなく、業績に実害を及ぼしているはずです。こういう人物は、あなたのセクションのみならず、会社全体に損害を及ぼします。

さりとて、今の労働法規の下では、簡単にクビにすることはできません。「部下なのだから、辛抱強く教育すべし」というのは現場を知らない机上の論で、自己愛を肥大化させた結果、周囲とうまくいっていない＝仕事ができない人間を「更生」させるのは、困難です。過剰な自己愛は、「できない自分」の防御装置でもあります。幼少期から組み立てられたそれを、社会人になったからといって、いきなり取り外すことなどできないのです。おっしゃるように、「いなくなってもらう」のが、ベストの解決策になるでしょう。

第一に考えるべきは、実害を減らすことです。すでに実行されているかもしれませんが、彼に対しては一切の希望を捨てて、ややこしい仕事から外す。ただ外すだけでは、仕事量が増える他のメンバーから不満が出る可能性がありますから、「お前たちだけが頼りだ」と率直に話をして、彼らを味方につけることが重要です。

で、「君にはもう何も期待していないよ」感を全開にする。とはいえ、口で言ったり、まして叱ったりしては逆効果です。根に持って、さらなる問題行動に出るかもしれません。

例えば、重要な仕事が全部自分をスルーして、後輩に依頼される。その事実をしっかり認識させればいいのです。私が外務省時代にやったようなシカトも有効ですが、あまりあからさまに集団的に行うと、「いじめ」だと訴えられる危険性がなきにしもあらずですから、そこは注意しましょう。

事務系は難しいかもしれませんが、成績を数値化、見える化して突きつけるという荒療治もアリだと思います。彼に実情を分からせるのが目的ですから、グラフにして張り出すような必要は、必ずしもないでしょう。「君の実績はこうだよ。ちなみに後輩の○○君に水をあけられたね。来月は頑張ろうね」と、これを毎月やるわけです。

「自己愛人間」、特にご相談のようなあからさまにプライドの高いタイプは、人から低く見られるのに耐えられません。諦めて、人の仕事の邪魔をしない「月給泥棒」になってくれればありがたい。いたたまれなくなって自主的に去ってくれたら、質問者の方からすると目標達成となります。

ただし、注意点を一つ。自己愛を肥大化させた彼や彼女に「パワハラ」「セクハラ」のエクスキューズを与えないよう、十分注意することです。自己愛を守るために、上司のその手の瑕疵《かし》を徹底的に突いてくることがあるからです。

例えば、女性の部下と飲みに行って、酔った勢いで肩に手を回してしまった……。もちろん、相手の自己愛の度合いに関わらず、セクハラはいけません。ただ、自己愛人間に対する時には、常に警戒レベルを引き上げておく必要があるのです。そうでないと、相手を追い出すどころか、自分が会社を去る羽目になるかもしれません。

自己愛が希薄な部下の指導法

問　上司の私からすると、かなり潜在能力はあると感じるのに、いつも「自分なんか……」という感じで、イマイチ「暖簾《のれん》に腕押し」の部下がいます。見ていてもどかしいのですが、佐藤さんがおっしゃるような「自己愛の希薄な人」の力を引き出すには、どうしたらいいのでしょうか？

佐藤　対処法はシンプルです。きちんとした仕事を与えて、きちんと評価すること。この二つです。要するに、実戦で自信をつけさせるわけですね。そうやって、徐々に仕事のレベルを上げていけばいいと思います。彼に本当に力があるのなら、しっかりついて来られるでしょう。

間違っても、熱血指導よろしく叱ってはダメです。逆に、いいところを見つけて褒めることが大事。今の若手には、自分が恥ずかしくなるぐらい褒めてちょうどいいと思ってください。

実は、自己愛が強いのに、自信がない人間も数多くいます。つまり、自分を大事にする自己愛と、他人から認められているという自信とは、別ものなんですね。一見、自信家のように見えて、実はそうじゃないという、ややこしいタイプです。

でも、見どころがあると思うのなら、対処の仕方は同じです。ただし、「自己愛人間」は、他者の視線を過度に気にする傾向があります。ですから、「そんなに肩に力を入れなくていいよ」というアドバイスが有効でしょう。「お前さんが気にするほど、周囲はあなたのことを見てはいないんだよ」「ミスは誰にでもあるだろう」と。

反対の立場で考えてみましょう。あなたが、自分にぜんぜん自信が持てない人間だったとします。そんなあなたに、中間管理職の内示がありました。けれども、人を束ねるなんて自分には絶対無理だと悩んでいる。

実際、最近は管理職への昇進を辞退する人が少なくないんですね。しかし、中間管理職をやらなければ、会社の幹部にもなれません。本当にやりたい仕事はできないのです。上に行くことを否定していたら、あなたはもう伸びることができないでしょう。

こうした場合にぜひ考えてほしいのは、会社はなぜあなたを管理職にしようとしているのか、ということです。それは、あなたの将来性に期待しているからに他なりません。一つ殻を破って、さらに戦力になってもらいたいと思っているわけです。そこにぜひ、思いを至らせてもらいたいのです。昇進に限らず、命じられた「自分には困難に思えること」を断るべきではありません。

健全な自己愛とは何か

問　佐藤さんのお話を聞いて、自分に「健全な自己愛」があるのかどうか、不安になりました。それを検証する方法はあるのでしょうか？

佐藤　私は、「健全な自己愛」とは、「自分が自分を大切にするように、他人も自分を大切に思っている。それを許容できることだ」と言いました。「『健全なる他者性』である」とも。そこが、自分から発して自分のほうにしか向かってこない「ナルシシズム」との違いで、「他者性があるのかないのか」が重要なポイントになります。

ところで、「他者性」を検証するためには、「他者」が必要です。「自分の自己愛は健全なのか？」といくら自らに問いかけても、答えは出ないのです。「他者」という鏡に映してみて初めて、それが歪んでいないのかどうかが見えるんですね。

では、「他者」とは誰のことか? ズバリ、それは友人です。「そもそも、私には友人と呼べる人がいない」という場合は、自己愛がかなり危うい状態に置かれている、と心配したほうがいいでしょう。

「健全なる他者性」を持たない人間になど、誰も心は開きません。「『他者』という鏡」云々と言いましたが、要するに「自分が心から信頼し、相手も自分のことを信頼してくれていて、何でも話せる友達がいるか・いないか」が、自己愛判定の指標になると考えてください。自分をさらけ出せる親友がいたら、あなたの自己愛は恐らく問題なし。反対に、楽しい友人は大勢いるけれど、みんな表面的な付き合いしかしていないなどという場合には、自分の他者性にどこか問題がないか、謙虚に胸に手を当ててみることをお勧めします。

友達はあまりいないけど、親となら何でも話せるというのも要注意です。ギリシャ語で「愛」には三種類あるという話もしました。自分に欠けているものを求める「エロース」、見返りを求めない無償の愛である「アガペー」、そしてその中間にある「フィリア」すなわち友情、友愛と訳される概念です。

親があなたの言うことを真剣に聞いてくれるのは、「アガペー」によるものです。あなたに他者性が備わっていようがなかろうが、それは全く関係ない。むしろ自己愛が歪んでいるような場合には、何とかしてあげたいと、余計に親愛の情が増すかもしれません。

ちなみに、「エロース」がメインの親密な関係にも、自己愛の有無などは、どうでもいいことです。「健全な自己愛」の検証は、あくまでも「フィリア」を対象になされなければなりません。

ちゃんとした自己愛を育むためには、「この人は信用ができない」と感じる人間のことをしげしげと観察して、反面教師とするのもいい方法です。まあ、相談者の方の場合は、不安になって自らを見つめ直してみようという気持ちがあるのだから、たぶん心配する必要はないと思いますよ。

ストレスへの対処法

問　私は、小さなミスを犯しても、深く落ち込んでしまうタイプです。ストレスも感じやすいのですが、これも「自己愛」と関係があるのでしょうか？　佐藤さんは、そう

――いう状況に陥った時に、どのように対処するのですか？

佐藤　現代がストレス社会であることは、言うまでもありません。ストレスにさらされ続けていると、それだけ歪んだ自己愛のような負の感情も堆積していきます。臨界点を越えてうつ的になる前に、適切な手を打つ必要があります。

私自身、知らずしらずのうちにストレスがたまったようで、不眠の症状に悩まされたことがありました。そんな時に救いの手を差し伸べてくれたのは、親しい精神科医です。彼のアドバイスは、マルクス経済学をやった人間なら、すぐに合点がいくものでした。労働力は、「消費」と「休息」でしか蓄えられないのです。

落ち込まないように自分を制御することはできません。人は誰もが落ち込む。問題は、そこからどうやって立ち直るのかですが、それには一定の時間が必要です。うつの症状が出たら、一週間分の睡眠薬をもらい、ひたすら眠る。ほとんど起き上がれないような時間は、しかし無駄ではないのです。その間、脳も体もしっかり充電しているのだから。落ち込んだ時に、無理やり自分を奮い立たせて歩こうとしてはいけません。心の傷はどんどん重症化してしまいます。

ということで、おかしいなと思ったら、躊躇することなく精神科を受診すべきです。いいお医者さんを友人に持てたら、鬼に金棒でしょう。

自己愛人間だらけの社会とは

問　「嫉妬や自己愛」を歪ませた人間ばかりになったら、世の中はどうなってしまうのでしょう？　そんな時代が来ると、佐藤さんはお考えですか？

佐藤　あらためて思うのは、嫉妬も自己愛も「生き物」だということです。時代を反映して揺れ動き、変貌する。ただ、そのスピードは、明らかに加速しています。現状を分析し、定義しようとした時には、状況はすでにその先に行っている、というのが私の感覚です。かつてのような「分かりやすさ」がなくなり、複雑化の度合いを高めているということも言えるでしょう。

では、なぜそうなるのか？　例えば「あえて土俵に上がらない」という人間は、周囲にとっては大迷惑の存在です。けれども、彼の立場になってみると、それは一度負けると負のスパイラルに陥りかねない新自由主義時代を生き抜く術と、言えなくもありません。社会の中で嫉妬が強まったり弱まったり、自己愛人間が増えたかと思えば消滅に向かったりというのは、生物としての生き残り本能から来ているような気もするのです。

そういう基本認識も踏まえて問いにお答えすれば、「申し訳ありませんが、それは分からない」というのが、正直なところです。嫉妬と自己愛の現状は、明らかに「新自由主義時代」の社会構造を反映したものです。次にどんな時代がやってくるのかを予言するのは、さすがに難しい。

よくない兆候はあります。気がつくと、我々の社会には反知性主義が跳梁跋扈するようになりました。反知性主義は、世の中の事実や得られた知見を基に論理を組み立てるのではなく、「初めに結論ありき」で都合のいい情報を重ね合わせていくのが特徴で、例えば多くのヘイト本の屋台骨は、それで構成されています。

あの手のリクツは、分かりやすい。でも、その世界に浸っていると、人間はまともに考えることを忘れてしまうのです。悪いことに、この反知性主義と「拡散装置」であるSNSが結びついてしまったのが、現代です。黙っていても健康的な社会が到来するとは、考えにくい。

期待をするとしたら、その裏返し、すなわち人間の知性であり理性しかありません。「歪んだ自己愛」が時代状況に従属する本能であるならば、それは時代を切り開く力を持っているはずだからです。

◎嫉妬に対処するための五箇条

一、「人間の能力は多様である」と心得る。自分にしかないもの、できないことが必ずある。それを見つけて、伸ばす努力を。

二、人生は仕事だけではない。趣味や社会活動で自己実現を図ろう。

三、嫉妬の本質を知るために、勉強すべし。敵を知れば恐れるに足らず。教養を広げれば、負の感情はコントロールしやすくなる。

四、嫉妬心の希薄な人間は要注意。標的になって足を引っ張られるようなことがないよう、周囲に気を配るべし。

五、嫉妬のトラブルに対処するときは、標的ではなく攻撃側に働きかけること。嫉妬を軽減する方策を、具体的に考えよ。

◎自己愛を制御するための五箇条

一、自らの自己愛は、友人によって検証される。「何でも話せる」友達は何人いるか？　いなければ、「なぜできないか」を考えてみる。親友づくりは、「健全な自己愛」を育む最良の方法だ。

二、自己愛の薄い人には、責任を持った仕事を与えて、しっかり評価する。自信がつけば、戦力になる。

三、自己愛の強いタイプには、肩の力を抜くようアドバイスすべし。周囲を気にしすぎていては、伸びるものも伸びない。

四、自己愛を肥大化させた「実力０」人間には、組織からフェードアウトしてもらうしかない。この場合は、新自由主義的な評価を突きつけるという荒療治も有効だ。

五、「自己愛世代」の人間に叱責はご法度。とにかく、いいところを見つけて褒めまくるべし。それが最も安全な組織運営である。

あとがき

本書についての種明かしをしたいと思う。キリスト教神学に「弁証学」という分野がある。他の宗教や思想との関係で、キリスト教が正しいことを示すのが弁証学だ。

本書は、嫉妬と自己愛をめぐる弁証学の書なのである。

パウロは、愛についてこう述べている。

〈愛は忍耐強い。愛は情け深い。ねたまない。愛は自慢せず、高ぶらない。礼を失せず、自分の利益を求めず、いらだたず、恨みを抱かない。不義を喜ばず、真実を喜ぶ。すべてを忍び、すべてを信じ、すべてを望み、すべてに耐える。

愛は決して滅びない。預言は廃れ、異言はやみ、知識は廃れよう、わたしたちの知識は一部分、預言も一部分だから。完全なものが来たときには、部分的なものは廃れよう。幼子だったとき、わたしは幼子のように話し、幼子のように思い、幼子のように考えていた。成人した今、幼子のことを棄てた。わたしたちは、今は、鏡におぼろに映ったものを見ている。だがそのときには、顔と顔とを合わせて見ることになる。わたしは、今は一部しか知らなくとも、そのときには、はっきり知られているようにはっきり知ることになる。それゆえ、信仰と、希望と、愛、この三つは、いつまでも残る。その中で最も大いなるものは、愛である。〉（「コリントの信徒への手紙一」一三章四〜一三節）

誰もが最初は赤ん坊だ。赤ん坊は嫉妬深い。特に母親の愛情を独占しようとする。その後、成長しても人間は嫉妬を抱き続けるのであるが、それを克服するためには愛を知らなくてはならないというのが、パウロが理解するキリスト教なのである。私もパウロの考えは正しいと思う。まえがきで、私も鈴木宗男氏と同様に嫉妬心が希薄であると述べたが、それは現実の人間関係に限ってのことだ。神学生の時代から、過去の優れた神学者の作品を読むと、「なぜこんなことが思いつくのか」と畏敬の念を抱くとともに激しく嫉妬していた。しかし、年齢と経験を重ねるとともに愛のリアリティーがすこしずつわかってきたような気がする。そうなると昔の神学者に嫉妬しているよりも、私自身が神学的によい作品を書くことに関心の重点が移っていった。神学とは同じ事柄を、別の言葉で表現することだ。本書は、ここに引用したパウロの発言を、佐藤優の言語で言い換えた応用神学の書なのである。

本書でも何回か引用したが、イエス・キリストは、「隣人を自分のように愛しなさい」（「マタイによる福音書」二二章三九節）と私たちに教えた。キリスト教は、抽象的な博愛を説いているのではない。具体的な、自分の隣にいる人を愛することを行動と言葉によって示せと説いているのだ。そのためには、自分を愛していることが不可欠の前提になる。キリスト教の特徴は、このように自己愛を肯定的に評価していることだ。現下日本では、誰もが自信を失い、自分を愛せなくなっている。もっともっと自分を愛そう。そうすることによって、隣人を愛することができ、日本の社会も強くなる。

本書を上梓するにあたっては、中央公論新社の木佐貫治彦氏と中西恵子氏にたいへんにお世話になりました。深く感謝申し上げます。

二〇一七年一月十四日、曙橋（東京都新宿区）の自宅にて、
飼い猫のタマ（五歳の去勢済みのオス、体重一二キロ）を抱きながら、

佐藤優

初出一覧

＊月刊『中央公論』連載「嫉妬と自己愛の時代」を再構成した。左記の一覧は連載順。

第一回　二〇一六年二月号（二〇一五年十二月十七日脱稿）→第一部1
第二回　二〇一六年三月号（二〇一六年一月二十六日脱稿）→第一部2
第三回　二〇一六年四月号（二月十七日対談）→第二部1
第四回　二〇一六年六月号（四月二十一日脱稿）→第一部3
第五回　二〇一六年八月号（六月二十七日脱稿）→第一部4
第六回　二〇一六年九月号（七月十二日対談）→第二部2
第七回　二〇一六年十月号（八月二十五日脱稿）→第一部5
第八回　二〇一六年十一月号（九月六日「講座1」）→第一部6
第九回　二〇一六年十二月号（十月四日対談）→第二部3
第三部は十一月十三日に行った「講座2」をまとめたものである。

構成（第一部6、第二部、第三部）◎南山武志
敬称は一部省略した

Chuko Shinsho
La Clef
中公新書ラクレ 574

嫉妬《しっと》と自己愛《じこあい》

「負《ふ》の感情《かんじょう》」を制《せい》した者《もの》だけが生《い》き残《のこ》れる

2017年2月10日発行

著者 佐藤《さとう》 優《まさる》

発行者 大橋善光
発行所 中央公論新社
〒100-8152 東京都千代田区大手町 1-7-1
電話 販売 03-5299-1730
編集 03-5299-1870
URL http://www.chuko.co.jp/

本文印刷 三晃印刷
カバー印刷 大熊整美堂
製本 小泉製本

Published by CHUOKORON-SHINSHA, INC.
Printed in Japan ISBN978-4-12-150574-3 C1236

中公新書ラクレ刊行のことば

世界と日本は大きな地殻変動の中で21世紀を迎えました。時代や社会はどう移り変わるのか。人はどう思索し、行動するのか。答えが容易に見つからない問いは増えるばかりです。1962年、中公新書創刊にあたって、わたしたちは「事実のみの持つ無条件の説得力を発揮させること」を自らに課しました。今わたしたちは、中公新書の新しいシリーズ「中公新書ラクレ」において、この原点を再確認するとともに、時代が直面している課題に正面から答えます。「中公新書ラクレ」は小社が19世紀、20世紀という二つの世紀をまたいで培ってきた本づくりの伝統を基盤に、多様なジャーナリズムの手法と精神を触媒にして、より逞しい知を導く「鍵《ラ・クレ》」となるべく努力します。

2001年3月